# 从"如何管"到"如何不管"
## 企业自运行机制设计

戴天宇 著

From Management to
Non-management

Auto-operation Mechanism Design for Enterprises

图书在版编目（CIP）数据

从"如何管"到"如何不管"：企业自运行机制设计 / 戴天宇著. —北京：北京大学出版社，2020.6
ISBN 978-7-301-31302-2

Ⅰ. ①从… Ⅱ. ①戴… Ⅲ. ①企业管理—研究 Ⅳ. ①F272

中国版本图书馆CIP数据核字(2020)第047553号

| 书　　　名 | 从"如何管"到"如何不管"：企业自运行机制设计<br>CONG "RUHE GUAN" DAO "RUHE BUGUAN" :<br>QIYE ZIYUNXING JIZHI SHEJI |
|---|---|
| 著作责任者 | 戴天宇 著 |
| 责任编辑 | 裴 蕾 |
| 标准书号 | ISBN 978-7-301-31302-2 |
| 出版发行 | 北京大学出版社 |
| 地　　　址 | 北京市海淀区成府路205号　100871 |
| 网　　　址 | http://www.pup.cn |
| 电子信箱 | em@pup.cn　QQ：552063295 |
| 新浪微博 | @北京大学出版社　@北京大学出版社经管图书 |
| 电　　　话 | 邮购部010-62752015　发行部010-62750672　编辑部010-62752926 |
| 印　刷　者 | 涿州市星河印刷有限公司 |
| 经　销　者 | 新华书店 |
|  | 720毫米×1020毫米　16开　12印张　175千字<br>2020年6月第1版　2021年11月第6次印刷 |
| 定　　　价 | 58.00元 |

未经许可，不得以任何方式复制或抄袭本书之部分或全部内容。
**版权所有，侵权必究**
举报电话：010-62752024　电子信箱：fd@pup.pku.edu.cn
图书如有印装质量问题，请与出版部联系，电话：010-62756370

# 序
## 唯创新，不止步

戴天宇教授此前曾经出版了《无为而治：设计自动运行的企业制度》一书，该书作为管理制度设计学的开山之作，获得了社会的广泛好评，一版再版。而这本《从"如何管"到"如何不管"：企业自运行机制设计》，则是深入管理制度背后的管理机制层面，探寻企业"自动运行"的内在机理。

和前作一样，《从"如何管"到"如何不管"：企业自运行机制设计》逻辑严密，步步推进，环环相扣，其原理剖析之深刻、工具设计之严密、实践应用之巧妙，令人赞叹。更难能可贵的是，书中的精巧案例都是作者亲手设计并付诸实践的，是理论与实践知行合一的成果，这些来自实践第一线的原理和方法，要比纯粹的数理逻辑推导，更有可能为管理学知识体系注入新的营养和活力。

本书虽然聚焦于"自运行机制"设计，但思维层次却不限于此，而是对百年管理学思维的一种反思和颠覆，其中有几点令我感触颇深：

第一，是管理哲学思维的转向。正如书中所说，研究管理，不是为了管好别人，而是要寻求如何不管；研究博弈，不是为了在博弈中取胜，而是设法消除博弈；研究人性，不是为了对抗人性之恶，而是要恶为善用。这样一种思想转圜，跳出了传统管理学过去强调的分权、对抗、制衡等固有观念，重新走向东方的"和谐统一，和合共生"。

第二，是从企业的生产力入手。书中开宗明义地指出，在企业中，"谁"

直接创造收入和利润，"谁"就是企业的生产力，机制设计要聚焦盈利，服务于生产力。这一管理思想，完全颠覆了传统管理学从自上而下、自高层到基层的思维路径，同时，也理清了商业模式和管理机制之间的逻辑关系。企业的盈利模式，决定了机制设计的出发点和落脚点，管理机制设计必须围绕企业盈利展开，商业模式、业务流程和管理机制等各个模块间的关系，由此得到了非常清晰的呈现。

第三，是贯彻始终的"企业生态"思想。我非常赞赏戴天宇教授的观点：商业模式设计也罢，管理机制设计也罢，其实都是设计企业的"生态适变性"，企竞天择，适者生存。书中对商业生态环境和对企业内部"种群、亚群落、群落"的分析中，"生态"思想一以贯之，可以说，是对管理学从机械范式到生态范式转变的又一次鼓与呼。

第四，是"企业设计"学科群的提出。企业设计在前，经营管理在后，掌握企业设计的方法论，企业就有可能从后验式的总结，走向先验式的设计，通过事前精巧设计，减少事后管理。可以预期的是，企业设计学科群将不断吸取营养和成长，假以时日，定会枝繁叶茂，绿树成荫，未来的商学院，将既有企业管理专业，也有企业设计专业。

正如戴教授所言：站在管理学的角度，其核心的研究对象——"人"，每十年为一代，而00后的成人礼，呼唤着新一轮的与新人类、新新人类相适配的管理学创新。时代步伐永不停歇，那就让我们像戴教授一样，不断挑战自我，不断原始创新，推动管理学跟上时代的节奏吧。

魏炜

北京大学汇丰商学院　管理学教授

2019.4.28

# 前 言
## 管理学：涅槃与重生

21世纪，管理学进入了大变革的时代，一切都在变，包括日新月异的研究对象、与时俱进的学科逻辑和改弦易辙的哲学指导思想。

**首先，是管理学的核心研究对象——"人"的面目一新。**

2018年1月1日，是一个具有重大历史意义的里程碑式的时刻，因为在这一天，第一批00后成年了，站在了历史舞台的聚光灯下。时间是一个伟大而又无情的造物主，它把"油腻"的中年人变老，扫进历史的角落，然后张开双臂欢迎新人类、新新人类登上舞台的中央。

曾几何时，有太多的企业家和管理者抱怨说90后"任性"难管，如今，面对更加"任性"的00后，作为管理者的我们，又该怎么办呢？

如果换位思考，站在90后、00后的角度，我们就会发现事情其实是这样的：不是年轻人跑得太快，而是我们走得太慢；不是年轻人过于新潮，而是我们已然落伍；不是90后、00后难管，而是我们的管理方式在不知不觉中已经落后于时代了。用管理60后、70后的方式去管理90后、00后，在现实中必然会因为不合时宜而变得磕磕绊绊。

有企业家会问：我们一直在学习，学习现代管理学前沿，怎么可能跟不上时代潮流？问题是，所谓的现代管理学早已不再"现代"。自1911年美国人弗雷德里克·温斯洛·泰勒（Fredrick Winslow Taylor）出版《科学管理原理》（The Principles of Scientific Management）一书，创立科学管理学派，一脉传承至今，已经过去一百多年了，管理学即便不能说老态龙钟、步履蹒跚，但也肯定谈不上激情燃烧、青春飞扬了。

新的时代，新新人类，自然需要新的管理范式，以配合他们的青春、个性和自我意识。这实际上意味着，管理学正亟待一场朝气蓬勃的大变革。首先需要改变的，就是管理学的视角或者说我们怎么看企业。发端于20世纪初机械化生产时代的现代管理学，浑身上下都打上了深深的机械烙印，注入了浓浓的机械思维，所谓管理的五大职能——计划、组织、指挥、协调、控制——全都与机械有关；奉为圭臬的管理原则——标准、规范、统一、精细、精益——全都是机械逻辑；就连员工，也被当做一颗颗"螺丝钉"。在现代管理学中，员工是螺丝钉，企业是机器。可以这样说，所谓的现代管理学，从头到脚，从里到外，就是一套机械思维范式。

机械时代渐渐远去，网络时代快速来临，在这样的时代背景下，自我意识强烈、自我个性张扬的90后、00后，还会甘心当好一颗颗不起眼的螺丝钉吗？不会！所以，我们不能再用老的机械眼光去看待企业了，不能再用"标准""规范""统一"等机械模板去要求员工了，而要改用开放、包容的大视野，将企业看成是一个多彩的人的生态系统，不同年龄、脾气、秉性、爱好的人从天南海北汇聚在一起，既有栋梁之材，也有杂花野草，人生观有代沟没关系，价值观不一样没关系，所有人最终都会在矛盾摩擦冲突中走向生态融合，形成一个多物种并存的社群生态圈。企业是一个生态圈，必须换用生态的视角去看待企业和对待员工，这是管理学需要重新树立的生态思维范式。

**其次，是管理学的核心逻辑依据——"生产关系"的气象一新。**

新新人类只是一个方面，生产关系的历史转折才是更大的挑战。社会经济的持续发展变迁，日积月累，已经使得企业内部的生产关系发生了巨大改变，或者说老板和员工之间的关系发生了重大转折，从过去的"企业拿剩余"逐步转向为"员工拿剩余"。这对现代管理学提出了根本挑战，其理论体系的基础逻辑正在面临无法逆转的倾覆。

曾几何时，一些两耳不闻窗外事的书斋经济学家绞尽脑汁，费尽心思，绕来绕去，终于证明了天底下最公平合理的分配方式，应当是"员工拿固定，企业拿剩余"。可笑的是，几乎在一夜之间，中国随处可见无抵押贷款的小广告，资本过剩了，不再稀缺了，真正稀缺的是具有独特个性、独特思维并能进行创新的员工！稀缺对象改变，博弈地位逆转，企业只是平台，员工才是主角，企业内部的话语权和经济分配关系也随之发生天翻地覆的变化。可以肯定的是，未来将越来越多地出现"企业拿固定，员工拿剩余"。从"员工拿固定"到"员工分剩余"再到"员工拿剩余"，员工与企业之间关系格局的变化趋势，意味着传承百年的现代管理学的内在逻辑必须重建，相应地，企业管理方式也将"天翻地覆慨而慷"。

类似的进程，历史上曾经发生过。在农业社会，农民种粮食，土地是命根子，但土地却掌握在地主手中。早期的分配规则是"农民拿固定，地主拿剩余"；中期，为了调动农民种植的积极性，改成"地主和农民按比例分成"；后期，随着工业化、城市化的兴起，农地不值钱了，不再是稀缺之物，分配规则就变成了"地主拿固定，农民拿剩余"（表0-1）。

表 0-1　农业社会剩余分配方式的历史演进

| 农业社会 | 剩余分配方式 | 具体做法 |
| --- | --- | --- |
| 早期 | 农民拿固定，地主拿剩余 | 地主强制农民种地，除了留给农民少许能使其勉强活下去的口粮，剩余粮食全部归地主 |
| 中期 | 地主和农民按比例分成 | 地主将土地出租给农民，产出的粮食双方按照一定比例分成，譬如三七分、五五分 |
| 后期 | 地主拿固定，农民拿剩余 | 地主将土地租给农民，不管土地收成如何，地主拿固定地租，剩余粮食归农民 |

新的时代，新的生产关系，需要新的管理范式。一些先知先觉的企业率先开始了新的实践探索，譬如海尔集团。当许多企业还在亦步亦趋地学习海尔"日事日毕、日清日高"的 OEC（overall every control and clear）管理模式之时，海尔却在管理上进行了自我否定，转型成为"人单合一"的创客平台，以员工的自主经营为主线，探索出一套企业搭台、员工唱戏的新模式。

**再次，是管理学的核心指导思想——"管理哲学"的焕然一新。**

Ph.D.（Doctor of Philosophy），哲学博士，可以授予很多学科的学习者。这是因为大部分学科，研究到最后都是哲学，学科内有深度的研究和创新，也一定会上升到哲学层面。如果一门学科的学习者，全部忙于现实解读和数据收集，缺乏哲学高度的思辨和创新，知识层次就不可能出现质的飞跃，知识体系就不可能进行系统升级，理论上便只剩下重复"学术先辈说过的话"，实践中就会"不说人话"，变得越来越不接地气。

管理理论均以人性假设为前提，几千年来的管理哲学，大体分为两个极端。一种是中国古代的"人之初，性本善"，这类管理哲学主张人性善或者人性向善，通过正己修身、道德教化等途径走向大同世界，但在私有观念大行其道的当下，

"理想很丰满，现实很骨感"，希望越大，失望越大。即便有个别企业试图在其内部打造一片"善"或"爱"的企业文化世外桃源，最终也会被私有制环绕下的社会大环境侵蚀殆尽。

另一种则是在现代西方思想界占统治地位，进而充斥于西方现代管理学的"人性本恶论"。西方现代政治哲学之父托马斯·霍布斯就提出"人对人是狼"，人和人之间互相算计又互相提防，每个人都是无恶不作的无赖之徒[①]，所以公司治理就要实行分权制衡，如股董监高（股东会、董事会、监事会、高级管理人员）之间的四权分立。这种"极度的不信任"贯穿企业管理的方方面面，同时也产生让我们烦不胜烦的内部博弈，掣肘扯皮，流程繁琐，效率低下。而且，这种管理哲学给企业带来的，必然是内部倾轧与相互对立。

新的时代，新的管理范式，需要新的管理哲学，即从当下的社会现实出发，不强求"人性善"，不苛责"人性恶"，但也绝不走分权对抗、制衡内耗的老路，而是要开辟第三条道路——通过精巧的机制设计，使性恶之人也能走向和谐统一，最终达到无论人性善恶都能"和而不同"的管理境界。这是运用中国古代先贤的哲学智慧对现有管理学陈旧思维所做的升级改造。

"天下本无事，庸人自扰之"，依据中国道家独有的哲学思想，深入研究管理，不是为了管好别人，而是寻求如何不管，无为而治；深入研究博弈，不是为了在博弈中取胜，而是以此消除博弈，走向和谐；深入研究人性，不是为了对抗人性之恶，而是化毒为药，恶为善用；事后查办惩处是下策，事中分权制衡是中策，事前制恶方为上策，即要设身处地地站在恶人的立场思考问题，深刻理解他们的为恶决策，仔细分析他们的作恶过程，然后进行有针对性的精巧设计，从源头上消解为恶的主客观条件，包括消除所有关键环节的寻租空间和套利机会。"无

---

[①] 大卫·休谟. 休谟政治论文选[M]. 张若衡译. 北京：商务印书馆，1993：27.

为而无不为""无不为而无为",这一套超越西方机械思维的东方管理智慧,我们可以称之为"入世的、积极的新道家管理哲学"。

凤鸣九皋,声闻于天下。每500年,凤凰便会背负着所有的纷扰投身于熊熊烈火中,然后于灰烬中重生,此谓凤凰涅槃,浴火重生。大时代,大变革,管理学也将经受时代烈焰的洗礼而重生,新人类、新经济、新的学科逻辑、新的哲学思维,共同推动着百年管理学伐毛洗髓,脱胎换骨,焕发出新的生机和活力。"休对故人思故国,且将新火试新茶",让我们从这里开始,体验新的不一样的精彩。

# 目　录
CONTENTS

## 第 1 章　跳出管理，走向设计 / 001

1.1　企业设计，设计企业未来 / 004

1.2　企业：先设计，再运营，后管理 / 007

1.3　企业设计：减少管理，弱化管理 / 009

1.4　设计案例解密：企业设计，书写民营快递传奇 / 012

## 第 2 章　自运行机制：基于利益，植于人性 / 023

2.1　利益→机制→制度→体制 / 028

2.2　自运行机制的五种"利基" / 030

2.3　自运行机制的三大关键词 / 033

2.4　设计案例解密：不靠人才，靠机制 / 037

## 第 3 章　机制设计，从生产力入手 / 041

3.1　自运行机制设计的四大要点 / 043

3.2　机制设计四大要点：服务业案例 / 046

3.3　机制设计四大要点：金融业案例 / 054

3.4　机制设计四大要点：制造业案例 / 059

### 第 4 章　实战机制设计（一）：聚焦盈利 / 063

4.1　什么是商业模式 / 065

4.2　什么是盈利模式 / 071

4.3　基于第三方的盈利模式优化 / 074

4.4　设计案例解密：从盈利模式到机制主体 / 076

### 第 5 章　实战机制设计（二）：主体归位 / 083

5.1　设计室合伙制 / 087

5.2　项目合伙制 / 088

5.3　内部代理制 / 091

5.4　族群合伙制 / 094

5.5　柔性合伙制 / 097

5.6　股东分营制 / 100

### 第 6 章　实战机制设计（三）：利益内嵌 / 103

6.1　薪酬套餐制 / 106

6.2　动态提成制 / 110

6.3　轮候奖金制 / 113

6.4 组合提成制 / 115

6.5 动态股权制 / 117

6.6 滚存年金制 / 122

 第 7 章 实战机制设计（四）：自我运行 / 125

7.1 机制微调（一）：活化 / 128

7.2 机制微调（二）：优化 / 133

7.3 博弈论与机制设计 / 136

7.4 机制微调（三）：弈化 / 143

 第 8 章 自运行机制设计二十式 / 149

8.1 设计案例解密：销售如何翻三番 / 153

8.2 戴氏环销法和戴氏连销法 / 159

8.3 自运行机制设计二十式（上）/ 165

8.4 自运行机制设计二十式（下）/ 171

主要参考文献 / 175

# 第 1 章
# 跳出管理，走向设计

当今的管理学，已经从杂树丛生的"丛林"时代[1]进入了杂草丛生的"沼泽"时代。太多的理论，太多的观点，太多的说法，真真假假，虚虚实实，层层叠叠，就像丛林中经年堆腐的枯枝落叶，遇水之后沤成了泥炭沼泽，暗坑密布，深不可测。

"丛林"只会让人迷失方向，"沼泽"却有可能带来灭顶之灾。许多企业便在这迷雾氤氲的泥沼中深一脚浅一脚地摸索着寻找出路，幻想找到一条康庄大道，通往管理之巅。原有的管理模式走不下去了怎么办？换一个套路试一试。新的套路也走不通了怎么办？再换一个方向试一试。所谓的管理变革、管理创新，不过是用一种套路取代另一种套路，用新司机换下老司机，折腾来折腾去，企业还是在同一片烂泥地里兜兜转转，绕来绕去，刚爬出一个坑，又掉入另外一个坑。

在管理学的"沼泽"时代，要想让企业真正走出烂泥地，就要跳到更高处，即要跳出管理，跳出泥泞不堪的管理，甚至做到像管理大师彼得·德鲁克所期盼的那样——消灭管理[2]！这一看上去遥不可及的梦想，随着"企业设计"在中国的创立与落地，正在逐步变为现实。

"企业设计"作为一个新的学科群，即便是见多识广的企业家们，许多人恐怕也是第一次听说。那么，什么是企业设计？它和人们耳熟能详的企业经营、企业管理之间，又是什么关系呢？

---

[1] Koontz, H. The Management Theory Jungle Revisited [J]. *Academy of Management Review*, 1980, 5(2): 175-187.

[2] 王国钟. 德鲁克：最好的管理就是消灭管理[EB/OL]. http://www.sohu.com/a/195909654_662758, 2017-10-01/2018-10-01.

## 1.1 企业设计，设计企业未来

过去，一家优秀的企业是如何做出来的？摸着石头过河，趟过无数险滩，踩着累累"尸骨"，一路跌跌撞撞，靠着三分运气，活了下来。

但未来，更多优秀的企业是设计出来的。人们对企业在不同商业生态环境中的生长、发育、变异和进化规律掌握得越深入，就越有能力从被动应对走向主动设计。初创企业需要科学设计，已经做大做强的企业同样需要面向未来的设计，因为"企竞天择"不是强者生存、大者生存，而是适者生存。大多数企业都没有一双"高瞻远瞩、洞见未来"的非人类"神眼"，但只要具备自我变异和快速进化的能力，同样能够在商业环境与气候的异常变化中应对自如。而赋予企业这种自我进化的能力，正是企业设计的小目标。

企业设计，包括商业模式设计、业务流程设计、管理机制设计、组织生态设计和企业文化设计五大核心模块，以及相配套的公司财税设计、公司金融设计等（图1-1）。其从经济基础到上层建筑，对企业的经营管理体系进行关键、科学、精巧的设计，赋予企业自组织、自管理、自适应、自调节的系统特性，同时也让企业具有自动自发运行的能力。

这五大核心设计模块，连同新范式经济学、新范式金融学等新的基础理论，以及商业环境生态学、企业进化工程、经济场分析等新的研究工具，共同构成了企业设计学科群（图1-2）。这一发生在学科群层面上的范式更替，恰似森林群落演替，不是一两棵树的替换，而是一大批新学科的涌现和老学科的改良。

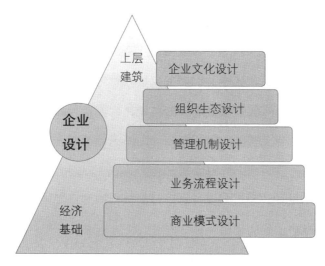

图 1-1　企业设计五大核心模块

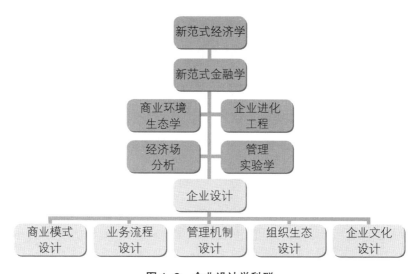

图 1-2　企业设计学科群

这五大核心设计模块，在企业设计学科群中分处不同层次，各有侧重又相互衔接配合，针对企业经营管理体系的不同层级展开科学设计。

**1. 商业模式设计**：也称企业的经济基础设计或底层设计，从根上解决企业的营收来源问题。商业模式设计通过企业"基因工程"，对企业内部价值链上有序排列的价值环节，进行剪切、插入、替换、删除、拼接等"基因重组手术"，为企业搭建出一套价值创造、增值和变现的商业逻辑，形成源源不断的营收来源。

**2. 业务流程设计**：优化企业的业务流程和管理流程，将过去按部就班、依次进行的顺序执行方式转换成更高效的乱序执行方式。业务流程设计通过线程并发、中断调用、分支预测、队列穿插等乱序执行技术，减少企业在流程上的等待和时间延误，以实现更快响应和更高效率。

**3. 管理机制设计**：通过创设"可以自动执行的游戏规则"，依靠员工的自组织自管理，推动企业从"如何管"转向"如何不管"。

**4. 组织生态设计**：将企业内部"人以群分"形成的人的种群，或者说形形色色的半正式组织、非正式组织及地下组织，与正式组织一起纳入一体化的统筹设计，构建一个多层次、多元化的组织生态。

**5. 企业文化设计**：可以看做文化层面上的园林设计，根据企业所处的文化土壤和局部小气候，规划和营造一个自成一体、别具一格的人文环境，既有贯穿全局的主旋律，也有曲径通幽的小天地。企业内部有不同思想观念、行为习惯、情趣爱好的各个文化种群，譬如文员种群、技术员种群、业务员种群等，如色块般分布于企业间，企业文化设计帮助企业形成一个规划有序、错落有致的立体文化群落，即企业文化共生体。

事实上，最早"露出尖尖角"的企业形象设计（Corporate Identity Design，CI设计），正是企业文化设计的一个组成部分。而名噪一时的《华为基本法》，则是企业文化设计的一次完整尝试。

以上是对企业设计五大核心模块的简单介绍。人类社会最伟大的发明，既不是某个产品，也不是某项技术，而是模式、流程、机制、组织等方面的设计、发明和创造，虽然无形，却深刻影响人类历史。

正常情况下，企业设计的展开逻辑，是从生产力到生产关系，从经济基础到上层建筑。首先从商业模式设计入手,创建企业的收入来源逻辑;然后,根据商业模式梳理出业务流程,在此基础上,构建企业内部的管理机制;最后考虑的,才是企业的组织建设和文化建设。

## 1.2 企业:先设计,再运营,后管理

企业设计和人们常说的企业经营、企业管理之间是什么关系呢?说来也简单,和所有人工系统一样,企业同样需要先设计,再运营,后管理,由此形成了企业设计、企业经营、企业管理三大并立板块(见图1-3)。

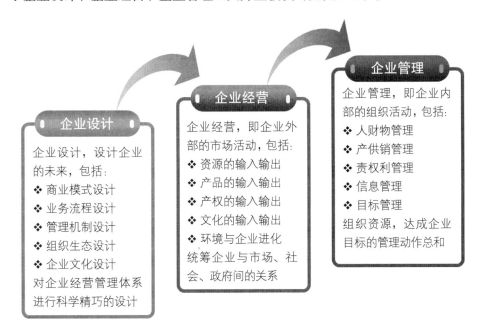

图1-3 企业设计、企业经营、企业管理三大并立板块

**1. 企业设计**,从企业的实际出发,量体裁衣,量身定做,给企业设计出适合自己的、个性化的甚至是独一无二的经营管理体系。

**2. 企业经营**,研究的是企业外部的市场活动,即企业作为一个商业生态系

统与外部环境（市场、社会、政府等）之间的关系问题，这种关系集中体现为企业与环境之间不断进行的经济资源的输入和输出。

**3. 企业管理**，研究的是企业内部的组织活动，重点是各种经济资源在企业内部的组织和效率问题，包括人财物管理、产供销管理、责权利管理等，以及运用这些资源达成企业目标的管理动作的总和。这种管理动作，集中体现为长期而持续的"与成本作斗争"。

以往，由于传统管理学"东向而望，不见西墙"，视角片面，所以有时连企业经营和企业管理这两个概念都"拎不清"，甚至随意混用。而今，随着企业设计理念的提出，研究视野豁然开朗，企业设计、企业经营、企业管理之间的关系也变得清晰明了。

企业设计在前，经营管理在后。如果企业没有经过科学的设计或设计不当，即使后天努力弥补，也会事倍功半，更何况先天不足是很难根治的。许多企业在经营管理上问题频发，疲于奔命，时时冒烟，处处救火，就是因为事先缺少系统设计。勤能补拙，可如果企业事前通过精心设计，能够做到自动运行，又何须事后补拙？人类社会大多数的发明创造是给懒人准备的，不是让你更勤奋，而是让你更舒适，企业设计同样如此，其在模式、流程、机制和组织等方面的智慧设计与创新创造，也是为了让企业家更安逸，让管理者更轻松。

企业设计的出现，对企业经营和企业管理的作用几乎是相反的。

企业经营主要面对的是外部环境不确定性的挑战。企业设计的出现与发展，为企业的经营人员提供了强大支持。一方面，商业模式的缜密设计，直接决定了企业经营什么、怎么经营；另一方面，业务流程、管理机制和组织方面的灵活设计，又使得企业身段柔软，天然具有适应能力，可以从容应对复杂多变的外部商业环境。

企业管理重点关注的是内部资源的组织和效率问题。企业设计的出现与崛起，对企业的管理人员提出了严峻挑战。这种挑战，可以用一句话概括："职业经理人还能走多远？"

传统管理学的核心框架，都是建立在职业经理人基础上的，职业经理人成了理所当然的主角。可如果有一天职业经理人不复存在了，管理学将何去何从？职业经理人是人类历史发展到一定阶段的产物，不是从来就有，也不可能永恒存在，同样会走向衰落和消亡。对职业经理人的挑战来自两个方面，一是技术进步，目前帮助职业经理人工作的智能系统，如ERP、CRM等，未来都会成为替代他们的工具，因为技术迭代升级的速度永远比人的知识更新的速度快；二是企业设计，企业经过科学而精巧的系统设计，能够做到自组织、自管理、自运行，对专门从事内部管理的职业经理人的依赖性将会大大降低。相应地，现有的以培养职业经理人为核心的商学教育体系，如MBA（工商管理硕士）、EMBA（高级工商管理硕士）等，都将面临巨大的挑战。当然，旧的走了，新的就会来，企业设计师、商业模式设计师等将不断涌现。

## 1.3 企业设计：减少管理，弱化管理

新的时代，呼唤新的学科。"企业设计"学科群的创立，不仅是企业实践的需要，更是对传统管理学基本理念的反思、扬弃和超越。

**首先，是向传统管理学推广的标准化管理模式说"NO！"**

企业设计，作为一门设计学，直接面对鲜活多彩的企业实践，因此其并没有"放之四海而皆准"的管理模式。那种将一种管理模式当做标准模板到处推广的做法，是对商业生态多样性的无视或无知。

过去，管理学犯得最多的错误，就是将一时一地的局部经验当做普遍真理，

将成功人士的只言片语当做管理圣经，将一种具体的管理模式当做普世标准推广到"银河系"，不分时间、地点、条件和场景，这和当年照搬洋教条的王明何其相似，抱着满腔的革命热忱，却成了革命事业的"绊脚石"。这些年，从A管理模式、B管理模式、C管理模式、D管理模式到G管理模式，从学习型组织、企业流程再造、精益管理、六西格玛管理、KPI考核、BSC考核、OKR考核到阿米巴模式，一波接一波，无休无止。可问题是，将任何一种管理理论、思路或方法用到企业上，和开处方药一样，必须事先给出适用对象、适用范围、禁忌以及毒副作用说明，否则就是严重的不负责任，如果再不辨药性，逢企便卖，逢企便用，只会"祸国殃企"。

世界上没有两片完全一样的树叶，没有两片完全一样的雪花，更没有两家完全一样的企业。挥舞着一种管理模式到处套用，必然要求所有的企业向所谓的管理标准看齐，杀头便冠，削足适履。企业设计彻底摒弃传统管理学的这套做法，既然每一家企业都是独一无二的，都有自己独特的气质和个性，那就一切从企业实际出发，进行个性化定制，定制适合于自己的管理模式，适合自己的就是最好的，无须过份考虑国际标准或国内先进性，黑猫白猫，能抓老鼠就是好猫。

**其次，是向传统管理学思考和解决问题的顶层思路说"NO！"**

企业内部，直接创造收入或利润的部分，可以被称为"企业的生产力"，多数情况下，"生产力"在企业的一线。所以，面对企业经营管理方面的问题，企业设计通常是从生产力入手，从一线入手。

由此，企业设计的根本思路，就应该是从生产力到生产关系，从经济基础到上层建筑，即从商业模式入手，开辟企业的收入来源，再根据收入来源确定企业内部的"生产力"，然后围绕"解放生产力，发展生产力"，构建企业内部的流程、机制、组织和文化。

这和传统思路大相径庭，甚至反其道而行之。传统管理学走的是自上而下的精英路线，面对企业的经营管理问题，首先抓的是"上层建筑"，抓管理高层，抓组织建设，抓思想统一。曾有知名的企业家提出来：管理的三要素，是"搭班子、定战略、带队伍"，建立一家企业首先要抓好这三件事。这一说法还被奉为管理的"九字真经"。

然而，当年的经验总结，未必适合于今时今日，一些不动脑筋的企业仍沿用当时的理论，就被糊里糊涂带到"沟"里去了。许多创业企业首先考虑的是人员怎么配备、部门怎么设置、职责怎么划分。可问题是，这一切安排得即使再到位，企业不挣钱，有意义吗？上层建筑是为经济基础服务的，组织建设是为盈利模式服务的，企业连服务什么客户、创造什么价值、赚取什么利润都还没搞明白，搭一套班子有什么用呢？过去，企业只要生产出产品，就能卖出去，就能赚钱，可以不考虑模式、流程、机制等深层次问题，但今时今日……不行了！

**再次，是向传统管理学强化和细化管理的过度努力说"NO！"**

过去的100年里，管理学挖空心思，绞尽脑汁思考的都是如何去管、如何管好、如何强化管理、如何细化管理，甚至有人还喊出了霸气口号：把细节管理做到极致就是完美。可惜的是，他们忽略了一个小常识：管是有成本的，管得越细碎，边际成本就越高。细节管理到了极致，投入大于产出，经济上不合算，实践中折腾人。

在财务报表中，企业有三大期间费用——营业费用、财务费用和管理费用。营业费用通常会随着企业规模的扩大而不断增加；财务费用更多地取决于金融政策环境，企业可作为的空间有限。而在二者之外，企业还有一大块管理费用，往往占到主营业务收入的10%~20%。问题来了，企业为什么要有管理费用？

管理费用凭什么是理所当然的？

企业设立管理组织，聘请管理人员，实施管理活动，以及为管理活动提供人、财、物等方方面面的支持，最终都体现为华丽丽的管理费用。强化管理、细化管理，不仅会造成管理费用的增加，还会带来企业内部气氛压抑、关系紧张、心理焦虑等负面情绪，很有可能得不偿失。如果倒过来，减少管理，弱化管理，企业将会怎样？

这正是企业设计努力的方向，通过科学而精巧的业务流程设计、管理机制设计和组织生态设计，帮助企业实现从"如何管"到"如何不管"的根本转变。具体来说，就是如何不考核、如何不检查、如何不监督、如何不统计、如何不审计……最终达到"无为而治"的巅峰境界，顺便把企业的管理成本降为"零"。

可能有人会说，这种说法太夸张了，纯属天方夜谭。那么，让我们用一个典型案例说明以下问题：通过精巧而灵动的企业设计，最大程度地弱化管理，减少管理，企业究竟能不能活得更好、更自在？

## 1.4 设计案例解密：企业设计，书写民营快递传奇

上海通达快递总公司（应企业要求，这里采用化名）是一家土生土长的民营快递企业，大伙儿在日常生活和工作中经常和它打交道。读者朋友你一定想知道，在数十万名快递员匆匆的脚步背后，在上万辆运输车滚滚的车轮背后，是怎样的一套"自动驾驶"系统，支撑着通达快递遍布全国城、乡各个角落的庞大体系高效而有序地运转？

通达快递总公司开全国之先河，率先设立了直属董事会、独立于首席执行官（CEO）之外的首席制度官（Chief Mechanism Officer，CMO），专门负责

公司内部的"立法"工作,即各项管理制度的规划、设计、实施和运营,直接向董事会汇报。之后,首席制度官又进一步升格为首席策略官(Chief Policy Officer,CPO),除制度设计以外,还负责公司在商业模式、业务流程、组织生态、企业文化等各个方面的贴身设计和落地实施,这实际上就是"企业设计师"的雏形。

作为企业设计的早期探索者,笔者有幸参与并见证了通达快递通过模式、流程、机制和组织设计,迅速发展成行业巨头的传奇历程。

**首先,来看通达快递总公司独树一帜的商业模式设计。**

快递,是一个时效性极强、协同性极高的行业。揽件、中转、分拨和派件四大环节必需无缝衔接,环环相扣,一环接不上,就会"掉链子"。所以国际四大快递巨头(FedEx、DHL、UPS与TNT)和中国邮政(EMS)采用的是"全国一盘棋"的直营模式,即在全国范围内设立直营网点,总部统一建设,统一管理,统一指挥,统一调度。可在国际巨头们的虎视眈眈下,弱小的民营快递企业再走这条老路——在幅员辽阔的中华大地,一个社区一个社区、一个乡镇一个乡镇地铺设自己的直营网点,逐渐形成覆盖全国的民营快递网络——这件事无论从哪个角度看,都没有成功的可能。那么民营快递该怎么办?

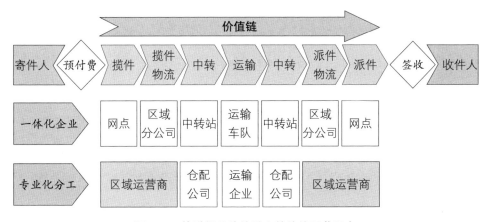

图1-4 快递行业价值链上的价值环节组合

由图 1-4 可知，整条价值链两端的价值环节——延伸到市县乡镇的揽件和派件——是通达快递总公司力所不能及的，需要放给外人去做，可承包给外人又有可能失控，甚至不听从总公司的调度指挥，怎么办？通达快递索性打破管理学教条，成为全世界第一个将连锁加盟模式引入时效性、协同性要求极高的快递行业的快递企业。当然，考虑到交易成本，通达快递实行的不是网点加盟模式，而是区域加盟模式，即把一个地区分公司及其下辖的网点，全部交给区域加盟商管理。

**其次，来看独辟蹊径的通达快递总公司业务流程设计。**

区域加盟模式虽然使得通达快递的网点迅速覆盖到全国，但带来的弊端也很明显：客户界面掌握在加盟分公司手上，导致商业"四流"中的物流、资金流和服务流都处于分割状态，总公司无法实施全面有效的控制，唯一可以控制并用来统领全局的，只有信息流。所以区域加盟模式决定了通达快递总公司的业务流程必须以信息流为主线进行构建，这和传统快递直营模式以物流为主线的业务流程的设计截然不同（图 1-5）。

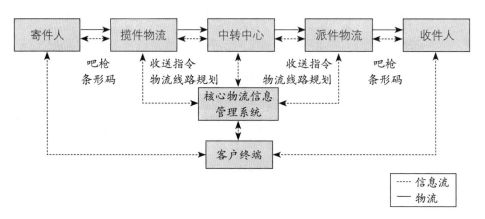

图 1-5　加盟模式下以信息流为主线的业务流程设计

**再次，来看独具特色的通达快递总公司管理机制设计。**

通达快递虽然采用了加盟模式，但同时也清楚地认识到传统加盟体系管理存在的重重弊病，所以彻底摒弃常人奉为"管理学原则"的那些教条，另起炉灶，自创出一套超级简单但却超级有效的连锁加盟管理机制——"自组织、自管理"，真正实现了"无为而治"。

什么是"自组织"？如果一个部门、一个办事处、一个分公司，人员编制、职责功能等都是由上面领导安排的，那么这就是他组织；如果是自动自发形成的，就是自组织。而现代系统论明确告诉我们：自组织的活力高于他组织。一个有趣的现象是，大公司在当地的分支机构，无论怎么激励，其干劲和拼劲总是比不上当地土生土长的草根企业。

什么是"自管理"？传统管理学所说的管理，其实指的是他管理——我管你，你管他，一级管一级，上级管下级。但所有对人的管理，其起点一定是被管理者的自我管理，如果被管理者自己管得好自己，你管他干什么？他自己管不好自己，你才需要去管他，那为什么我们不返璞归真，立足自管理，而非要舍本逐末，强化他管理呢？"菩提本无树，明镜亦非台，本来无一物"，又何须"时时勤拂拭"？

自管理，包括自激励（自己激励自己，无须管理者奖惩驱策）、自约束（自己约束自己，无须管理者监督审计）和自协同（自己主动协同配合其他同事或部门，无须管理者指挥调度），再加上自组织，这便是通达快递成功的四大秘诀。

通达快递成功秘诀一：自组织。

通达快递展开加盟，需要解决两个问题：谁来加盟？怎么加盟？

连锁加盟的老套玩法，无外乎是到社会上找一些有钱的小老板，向他们发放授权，输出品牌形象和运营管理体系，然后向加盟商收取保证金、授权费、品牌使用费、利润分成等"苛捐杂税"。这套玩法问题很多，譬如加盟商和总部之间只有利益纽带，缺乏情感忠诚，可以同富贵，无法共患难，总部遇到困难，加盟商立马改换门庭，连锁加盟体系根本经不起任何考验；再譬如，加盟商之前大多没有行业经验，总部输出教材，输出教练，手把手地教，效果却差强人意，因为经营过程中的很多东西是"只可意会，不可言传"的。更糟糕的是，总部赚加盟商的钱，双方必然成为利益对立关系，以利润分成为例，加盟商会挖空心思隐瞒收入，虚增成本，隐瞒利润，总部则会想方设法弄清事实，查清真相。双方博弈，斗来斗去，日复一日，年复一年，多少宝贵的时间和精力就这样白白费在里面了。而一个好的管理机制设计，会在源头上将这种无谓的博弈彻底消除。

通达快递是怎样做的呢？首先，它创造性地实行"内部加盟制"（表1-1）。在通达总部工作过一段时间的老员工，积满积分，就可以外放出去做老板，他们和总部之间"血浓于水"，忠诚度要远高于社会上的加盟者。而且，老员工在总部工作期间，耳濡目染，对怎么开店、怎么操作、怎么运营，都十分熟悉，根本用不着再输出教练、输出规范。此外，内部加盟制还有一个好处，老员工干得出色就能外放出去成为加盟商，每年收入十分可观，那么，他们在总部工作时会是怎样的工作状态？不用扬鞭自奋蹄，自觉自愿地拼命，自动自发地努力。

表1-1 通达快递总公司"内部加盟制"

| 级别 | 每年基础分 | 扣分项 | 加分项 |
| --- | --- | --- | --- |
| 一线员工 | 800 | 周会批评：-100 | 周会表扬：+100 |
| 非一线员工 | 500 | 月会批评：-200 | 月会表扬：+200 |
| 一线主管 | 1 000 | 年度批评：-300 | 年度表彰：+300 |
| 非一线主管 | 800 | 通报批评：-400 | 通报表彰：+400 |
| 中高层管理者 | 1 200 | 经济处罚：-500 | 模范贡献奖：+500 |
|  |  | 职务处罚：-600 | 特殊贡献奖：+600 |

其次，在连锁加盟的快递体系中，直接创造收入的"生产力"环节是加盟分公司，参与市场竞争的也是加盟分公司，为了让加盟分公司全力以赴冲市场，而不是费尽心思与总部斗智斗勇，消除双方的利益博弈和交易成本十分重要。通达快递创造性地实行"总部拿固定拿小头，加盟商拿剩余拿大头"的新分配机制，并选择快递业务中不可或缺的运单，作为新分配机制的结算载体。保证金、授权费、品牌费、利润分成……统统不需要，加盟分公司开展业务，只需要从总部买带条形码的运单就可以了，一张运单一块钱，成本两角钱，剩下的就是总部收入。加盟商业务量大，自然买得多；业务量小，自然买得少，总部不用也不想知道加盟商的营业收入是多少，利润是多少。而反过来，加盟商只要分一块地盘、买一些运单就能营业了。一切就是这么简单。

正是在这种自组织的机制下，数千家加盟分公司如雨后春笋般涌现，仿佛在一夜之间，开遍全国，连点成线，连线成网。通达快递总公司不做战略，不做规划，却自然而然形成了第一张覆盖全国城乡各个角落的民营快递网络。万物自生，何须战略。

通达快递成功秘诀二：自激励。

总部拿固定，加盟商拿剩余，加盟商不是在给总部打工，而是为自己奋斗，自然会把自身的功率调到最大，激励措施根本就是多余的。

但有一点，不是每一个人都像书斋经济学家鼓吹的那样，"追求自身利益最大化"，一些区域加盟商积累了亿万身家，就小富即安、不思进取了，心思也不放在快递业务上了，怎么办？

寄过快递的人都知道，寄件时付快递费，签收时不用再给钱。但对连锁加盟快递体系，甲地分公司揽件，同时收钱，乙地分公司派件，不但分文未得，还要付出大量人力物力，两地分公司不是一个老板，站在公平公正的角度，甲地理应给予乙地劳动补偿，支付"派送费"。

可问题是：要公平补偿，就要精确统计，而统计量会随着分公司数量的增加而呈几何级数增长。两家分公司之间进行结算，既要统计甲地到乙地的，也要统计乙地到甲地的，一天需要统计两笔，而三家分公司之间的两两结算，则需要统计六笔……数千家分公司呢？一天的统计量，就是一个天文数字！

既然如此，干脆不结算了。甲地有快件到乙地，乙地也有快件到甲地，那就派送费互免，你不给我钱，我也不给你钱。但新的问题又产生了，甲乙两地发件量不同，譬如甲地发到乙地10件，乙地发到甲地5件，派送费互免，对乙地是否不公平？对，就是不公平！你把公平正义的口号喊得震天响，也解决不了问题，乙地要想公平，只有一个办法：揽20件快递发到甲地，吃亏的一方要想改变不利的局面，只能疯狂地拓展本地市场，多揽件，才能让对方多派件，才能占对方"便宜"而不被对方占"便宜"。这便是"互免"机制，也是一种自激励机制。在这一机制下，通达快递业务量每年成倍上涨。

"互免"机制还带来一个意想不到的好处：既然没有统计报表和财务结算，也就没有任何空子可钻，没有任何手脚可做。传统管理学隆重推荐的那些精细的管理手段，如统计复核、财务审核、风险控制、审计监察等等，统统变成多余的了。一句话，烦琐累赘，一刀砍掉！

通达快递成功秘诀三：自约束。

传统连锁加盟体系的必备动作，便是制订和推行所谓的《标准化管理手册》。但通达快递坚决不搞这些，因为每个区域的情况不同，每个区域分公司老板的脾气个性不同。一种管理模式可能适合张三，不一定适合李四。而不定标准，不搞统一，分公司老板自会根据自身的实际情况选择自己习惯的管理方式，正如亚里士多德的名言："每个人是自我利益的最好看护者"。

当然，不管不等于没有底线，通达快递体系的整体利益还是需要维护的。通达快递总部规定了八项禁令：不能扣押兄弟公司的快件；不能帮竞争对手转运快件……那么，如何发现个别分公司见利忘义，违反八项禁令，触碰"高压线"的做法？发现后怎么查处？有人提出可以在总部设立专门的巡查监管部门。但这样做，总部只会变得既臃肿又劳碌。究竟该怎么办？

举一个例子，读者朋友就明白了。笔者任通达快递首席策略官期间，凌晨被电话铃声惊醒，接通电话，对方是一名在总部工作多年的老员工，他激动得语无伦次地对我说："我安插在某某加盟分公司的卧底，终于拍到他们帮竞争对手公司转运快件的照片了，铁证如山。某某分公司的老板要走人了，按照公司规定，我有优先资格成为新的老板，这可是我盯了两年的肥缺，为了这个肥缺，我在那儿安插了三个卧底……"

在此情形下，各地分公司老板还有多大胆量敢去违反八项禁令？因为有成百上千的总部员工正瞪大眼睛，等着你违规，等着你出局，等着接手你的地盘，等着成为新的老板，这便是自约束机制。

通达快递成功秘诀四：自协同。

连锁加盟快递体系中，虽然价值链上的收件和送件环节被放给了加盟分公司，但中转环节保留在总部手上，以便必要时节制加盟商。

通达快递有数百个中转站，最初建在国道旁边，后来迁移到高速公路旁边，中转站经理由总部任命，再由他呼朋唤友拉起一支队伍。总部原本指望这些中转站通过向加盟分公司收取中转超重费来养活自己，结果事与愿违，中转站纷纷报告中转超重费收不上来。因此总部每月还要对中转站进行绩效考核，然后发工资，发奖金，十分麻烦。

由于加盟分公司只有通过所在区域指定中转站，才能将快件发往全国，中转站经理"吃拿卡要"便成为常态。终于有一家中转站的刘经理因为欺人太甚被举报到总部，于是笔者黍夜前去暗访，正好遇到刘经理在收取"红包"，气得笔者准备宣布将他就地免职。但片刻之后，笔者冷静了下来，拍拍他的肩膀，说道:"别担心,我既不撤你的职,也不处分你。"刘经理以为自己听错了,还一个劲儿地认错求饶。笔者继续说:"原因很简单,如果我在你这个位置上,也许会像你一样收'红包',再说把你撤了,再换一个新的上来,仍然会发生这种情况,机制出了问题,换人是没有用的。"

回到总部后,笔者出台了两条规定:一是将原来国道旁边闲置的中转站恢复运营,分公司喜欢用哪个中转站就用哪个;二是中转站实行承包制,用中转超重费养活自己,收费标准由中转站与分公司自行协商,总部不再给中转站发工资、发奖金,也不搞那些烦人的绩效考核了。

两个月后,笔者又到那家中转站检查工作,又见到了刘经理,他哭丧着脸汇报道:"原来我是大爷,分公司月月给我送红包;现在全颠倒了,分公司成了客户,如果我们的价格不优惠,服务不周到,他们立刻就会把业务转给别的中转站。为了平息他们的怨气,让我从村子里带出的这几百号兄弟有活干,有饭吃,我只能把原来拿的好处都退回去。收红包?哎,鼻头上挂鲞鱼——休想……"

中转站承包出去后,原来不见影子的超重费竟然都"现形"了,收费比原来规定的标准还低,但养活自己绰绰有余。在新的机制下,中转站竭尽所能地提供优质服务,因为分公司就是它的衣食父母。双方之间的协同配合,不是因为计划的安排,而是源于市场的撮合,总部自然不需要再设立指挥者、协调者了,这便是自协同机制。

**最后,来看独立自主的通达快递总公司组织生态设计。**

公司组织架构体系的高端部分,包括股东会、监事会、董事会和管理层,称为公司治理结构。然而,通达快递总公司的三位股东彼此是兄弟姐妹,一家人坐在餐桌前一起吃个饭,就把股东会开了。如果按照国际上对公司治理结构设计的理论教条,或者公司法的刻板规定,董事会是公司经营决策的中心,由股东会选举产生，那么通达快递总公司的董事会，应当是由家族成员再加两、三个独立董事所组成。而这样的股东会、董事会，虽然符合"本本"的规定，却是"金漆马桶，徒有其表"，对通达快递体系的长远发展毫无裨益。快递业务需要全网络的统筹协调，涉及加盟分公司、网点、中转站、运输公司等各个生态参与方和利益相关方，不是靠总公司一家唱独角戏。

生产关系是为生产力服务的。既然传统的董事会形式无法为通达快递生态体系建设提供可靠的支撑，那么就得打破条条框框，灵活变通，创建新的公司治理形式，将加盟分公司、网点、中转站和快递小哥等各个方面的代表都吸纳进来，为他们提供一个表达意见和主张权益的平台。大家的事大家来商量，有事好商量，有事多商量，从而推动整个通达快递生态体系走向和谐共建，团结共赢。

据此，通达快递成立"通达网络理事会"，并在人员组成上实行"三三制"，即总公司股东和管理高层三人，加盟分公司及网点推选三人，中转站经理、快递员、驾驶员各自推选代表一人。这样，理事会成员的立场不同，通过平等议事，民主协商，真正实现了总公司决策的民主化、科学化。

至于通达快递的企业文化，其核心主张就是一句大白话："大家一起挣钱过好日子"。这就足够了，企业文化并不一定要"高大上"，不需要矫揉造作，只需要实实在在渗透到每一个人的心里就行！

以上这些独特的企业设计，从模式到流程，从机制到组织，摒弃一切自寻烦恼的管理方案，砍掉一切劳神费力的管理措施，弱化管理，减少管理，将通达快递从烦琐累赘的企业管理中解放出来，无须劳心劳力，无须兢兢业业，企业仍然可以高效有序地运转，轻轻松松地发展成为中国民营快递巨头，简简单单地做到"无为而治"。

民营快递，是某些高级职业经理人眼中的"民工企业"。它们都能通过简单精巧的企业设计，实现华丽转身，达到无为而治的管理境界，其他企业更没有理由做不到。跳出管理沼泽，不妨从企业设计开始。

在本书后面的篇章里，我们将集中阐述企业设计中的管理机制设计，相关的案例，绝大部分是我们的团队设计并付诸实施的。这是本书与众不同之处，同时也说明，在机械、刻板、教条甚至有些"呆萌"的现代管理学之外，还有另外一条路可供企业家"云中漫步"，那便是科学加艺术调制出来的、充满智慧和灵气的企业设计学科群。

# 第 2 章
## 自运行机制：
## 基于利益，植于人性

2018年9月12日，河南省商水县一所小学供应给孩子们的营养午餐，竟然是半碗难以下咽的干面条，与餐厅内张贴的丰盛的食谱全然不符。而且因为面条实在太坨了，许多孩子不得不泡着凉水才能咽下去。

事件曝光之后，"学生营养餐"问题再次成为万众瞩目的焦点。当地政府立即采取行动，对责任人严肃问责，同时开展全县大检查，加强监管力度，以确保国家发放的营养膳食补助都能吃进学生嘴里。

可问题是，发现一起，查处一起，这样的处理方式，能从根本上解决问题吗？效果又能维持多久？托·约·邓宁有句名言："资本如果有百分之五十的利润，它就会铤而走险；有百分之一百的利润，它就敢践踏一切人间法律。"[①] 而用干面条代替营养餐，其间的利润何止百分之一百？如此查处，只是在割韭菜——割了一茬又长出一茬。

而且，平时不加强管理，事情一出，就大张旗鼓，兴师动众，看似雷厉风行，实则是管理无能的表现。《孙子兵法·形篇》有云："善战者，无智名，无勇功"，所以"善战者无赫赫之功，善医者无煌煌之名"。医术高明者"治未病"，管理高明者"治未乱"，事先精巧设计，何须事后管理。那么，能不能从源头上进行机制设计，从一开始就使类似的事件不可能发生呢？

首先来看"不想坏"。最经济的源头治理方式，莫过于恶人不想为恶，即通过思想感化、道德自律、信仰约束等，使他们的内心根本不会产生"娃口夺食"的恶念。

---

① 马克思恩格斯全集: 第23卷[M]. 北京: 人民出版社，1972; 829.

然则跟利欲熏心之徒讲道德，无异于与虎谋皮。显而易见，在这一问题上，"不想坏"行不通。

其次来看"不敢坏"。次优的治理方案是使恶人不敢为恶，即通过严刑峻法形成强大威慑，使他们在权衡利害得失之后，打消克扣营养餐的念头。对于威慑效果，我们有以下公式：威慑效果＝惩戒力度×抓获概率。由于克扣营养餐很容易为家长所知晓，互联网传播又使得真相难以隐瞒，所以抓获概率倒不是问题，不过惩戒力度仍需达到一定阈值——或罚到倾家荡产，或用鞭刑伺候，才能使威慑效果足够显著，从而根绝"娃口夺食"的现象。可这些"不人道"的做法，定然引起社会争论。很显然，在这一问题上，"不敢坏"也行不通。

再次来看"不能坏"。自律行不通，就得靠成本更高的"他律"，即要构建一个"制恶"的博弈结构，让恶人有劲使不出，有劲使不上，无法作恶。可问题是："谁"来与可能作恶的供餐企业上演对手戏？

政府主管部门或其官员行不行？他们有足够的博弈实力和手段，但也有可能成为不法分子"围猎"的对象。个别官员甚至可能被拖下水，猫鼠同眠，沆瀣一气，所以需要另外设机构去监督他们，叠床架屋，徒增烦累。再者，政府介入是一种强势的解决方式，影响范围太广，在其他的思路没有穷尽之前，不要轻易把政府卷进来，好钢要用在刀刃上。

校长行不行？譬如实行"校长首尝制""校长陪餐制"，这种借鉴日本的"呆萌"做法，能够阻止校长与供餐企业合谋吗？不能！校长可能这边吃着干面，那边数着银子，忍得一时苦，换得万两银。

媒体监督行不行？某种程度上，新闻媒体还不如政府部门"靠谱"。所谓"第三方公平公正"，有时只是媒体的自卖自夸，道理上站不住脚，因为第三方在商业社会里也是一个利益主体，只要是利益主体，就有被收买的可能，更何况媒体也要挣钱养家，不可能天天盯着营养餐。

群众监督行不行？群众监督不是万能的，群众的信息欠缺，能力有限，再加上现代社会生存压力大，大伙儿都很忙，很难抽得出额外的时间和精力去进行监督，这导致许多群众纵有监督热情，也只能"心有余而力不足"。

竞争对手制衡行不行？在同一学生食堂，引入两家供餐公司，开展商业竞争，是否能够达到互相抗衡制约的效果？市场竞争机制并不是万能的，只是机制设计师手中众多工具之一，而且有其适用前提和适用范围，像这种收益空间明显不足的情形，硬要人为安排两家企业进场掐架，估计哪家都施展不开，利润匮乏的商业生态系统，养不活两只老虎。

怎么办？没关系，一个"制恶"的机制设计，不会完全寄希望于外在的政府监督、媒体监督和群众监督，而是要构建一个自我稳定的利益相关者的监督制衡体系，因为在所有监督中，"利益相关者监督"是发自内心的，是最可靠的。那么，"谁"是天然的利益相关者呢？

家长！事实上，只要给家长充分赋权，放手发动家长，成立家委会，家长们轮流到食堂当义工，剩下的事情还需要操心吗？

更高明的办法，是化对抗为合作，化制衡为和谐。具体做法是：政府每年依据学生和家长的评价，对营养餐供餐企业中的优良者予以重奖，只要奖励力度和范围足够大，就能引导企业做出最香的饭菜。

这便是管理机制设计的基本思路，具体情况具体分析，具体案例具体设计，针对每一种具体场景，想方设法寻找弱化管理、减少管理乃至不管理的办法，寻找牵扯最少、动静最小、成本最低的办法，通过事前"无不为"的系统思考和设计，实现事后"无为"的系统运行，让设计出来的机制自然运行着，于平淡中达成预定目标。

## 2.1 利益→机制→制度→体制

管理机制设计的首要目标,是要设计出顺应自然法则、可以自动运行的机制——"自运行机制"。

不过,要想说明白"自运行机制",先得说清楚四个基本概念:利益、机制、制度和体制。

利益,到目前为止仍然是人类社会最根本的驱动力,"人们奋斗争取的一切,都同他们的利益有关"[①],现实社会中的人,都是追求利益的,有利益追求,才会有经济的发展与繁荣。机制设计一旦脱离开了利益,设计出来的东西定然不食人间烟火,只能沦为书架上的"传世经典"。利益,是机制设计必需的物质基础。

对利益的把握,需要注意两点。一是人们追求的并不是既有利益,而是既有利益的增减变化,是未来的利益预期。人们可以忍受不公平的现实,却不可能承受没有希望的未来。二是人们的利益追求,并不都是狭隘地指向"钱"或经济利益,而是包含情感追求、精神追求、知识追求等在内的一大片广阔天地,是一个追求的集合。

机制,是万物生长之理,企业运行之道。机制是客观的、必然的东西,不管人们知道不知道、承认不承认、喜欢不喜欢,它总是在背后自动起着作用,只要条件满足,就会产生"必然的动作"。人们可以认识它、发现它、利用它,将其作用机理引入管理活动中,却不能创造它、修改它、废除它。机制,是机制设计必须把握的客观规律。

有的读者可能会产生疑问:既然机制不能修改,那怎么能设计呢?这种理

---

① 马克思恩格斯全集: 第3卷[M]. 北京: 人民出版社, 1971: 82.

解失之偏颇，牛顿定律不可修改，但在不同的环境内，在不同的前提条件下，譬如在水里和在冰上，牛顿定律的具体作用形式是不同的。同样的道理，机制设计并不是修改机制本身，而是在一定的范围内，人为地设定一套前提条件，让机制按照设计师的意图来运行，自动自发达成预定目标。这才是机制设计的真正含义。

制度，是机制的外在表现形式。当无形的机制通过有形的文字、语言、图像、视频、动作、场景等表达出来，机制便成为了制度。这种表达是鲜活的、生动的，最终呈现出来的形态，是人们日常行为背后的逻辑，是人们日常交往背后的博弈规则，从这个意义上说，制度可理解为"活的游戏规则"。制度，是机制设计必须同步考虑的外在呈现形式。

体制，简单地说，就是具有内在联系的各项制度的总和，既包括各种正式制度，譬如法律法规、章程条例；也包括各种非正式制度，譬如习俗惯例、伦理道德；以及林林总总的制度环境因素，譬如历史文化、风土人情。虽然制度和体制都可以推倒重来，但变制度易，变体制难。体制，是机制设计必须统筹考虑的宏观环境。

利益、机制、制度和体制四者之间的关系，可以形象地表述为：利益→机制→制度→体制。

在这一逻辑链条中，利益是总源头，机制、制度、体制，这些词汇的背后，或明或暗，或隐或现，对应的都是利益。利益催生出这一切，又推动着这一切，因而也是机制运行的第一推动力。可以这样说，现实经济生活中，无利益，不机制。

由此便不难理解，为什么会出现"自运行机制"——很简单，因为有人推着它走；为什么会有人推着它走？很简单，利益追求！

自运行机制，利益是其内在动力，制度是其外在形式，并与体制保持高度兼容，故能在体制内自在运行。

那么，利益到底该如何设置，才能让机制自动自发地运行呢？

## 2.2 自运行机制的五种"利基"

"利基"，即利益的基底构造。就像建筑要有地基一样，机制也要有利基。

过去，流行两句话："让员工的利益和企业利益相一致""让个人的利益和团队利益相一致"。意思是，利益相一致，机制自运行。

然而，与这一美好愿望几乎相反的是，多数员工到企业来工作，不是来帮助企业实现伟大愿景、使命、价值观的，而只是把企业当做他个人达成目标的工具，这才是残酷的真相。在这种关系格局中，利益一致只是偶然，利益不一致才是常态。因此，现实中的自运行机制，只有少数是以利益一致性作为设计依据的，更多的是建立在利益不一致的基础上。

概言之，自运行机制的利益基底，大致分为以下五种情形：

情形1：基于共同利益的机制设计（图2-1）。在机制运行中，各个利益相关方所关注的利益，既有自身利益，也有共同利益。如果机制的设定和安排

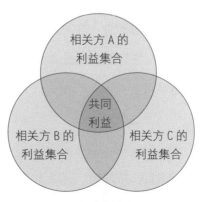

图 2-1　相关方的共同利益

是从相关方的共同利益出发，运行起来自然"潮平两岸阔，风正一帆悬"。

情形2：包络相关方利益诉求的机制设计（图2-2）。利益诉求，诉求的不是已有利益，而是利益的增减变化，是利益预期，如果机制的设定和安排能够将各方的不同方向的利益诉求都包络起来，那么运行起来也能顺风顺水。

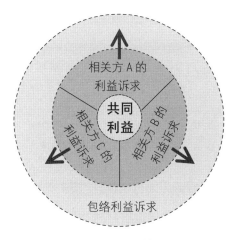

图2-2 包络相关方的利益诉求

情形3：汇合相关方利益诉求的机制设计（图2-3）。当相关方的利益诉求不一致，甚至是对立的时候，如果能使各方利益诉求汇集而成的"合力"仍然指向预定目标，借助"合力"的东风，机制仍然可以踏浪而行。

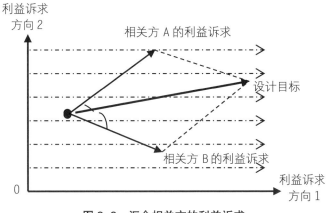

图2-3 汇合相关方的利益诉求

情形 4：转置相关方利益诉求的机制设计（图 2-4）。当相关方的利益诉求无法被引向预定目标，那就在中间再插入一个参量，利益相关方追求的只是中间参量指标，只要中间参量达成了，预定目标也就跟着实现了。这种利益构造最适合"自激励"机制设计，因为相关方是在为自己奋斗，而所有外在的激励方式，都敌不过天空飘来的五个字："为自己奋斗！"

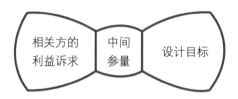

图 2-4　转置相关方的利益诉求

情形 5：基于相关方利益博弈的机制设计（图 2-5）。如果相关方是所谓的"理性经济人"，则可以充分利用他们追求"利益最大化"的本性和"完全理性"的能力，巧妙设一个"局"，让相关方在利益博弈中，像飞蛾扑火一样进入博

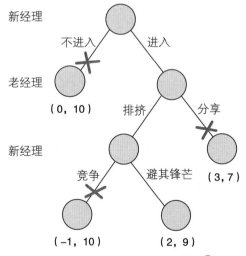

图 2-5　基于相关方的利益博弈[①]

---

① 网络群体与市场. 从动态博弈探讨中国民营银行的前景与发展方向[DB/OL]. http://blog.sina.com.cn/s/blog_c2e02d1d0101eytp.html，2014-03-24/2019-03-24

弈之中，以获得设计师想要的运行结果。这套利益基底的构造方式精密复杂，操作起来难度大，实施结果更难预测，存在脱缰失控的风险，因为现实当中的人，有可能吊打所谓的"理性"，暴力破局，管他是赢还是输，"乱拳打死老师傅"。

2007年的诺贝尔经济学奖，颁给了三位美国经济学家——利奥尼德·赫维奇（Leonid Hurwicz）、埃里克·马斯金（Eric Maskin）和罗杰·迈尔森（Roger Myerson），以表彰他们在创建和发展"机制设计理论"方面做出的巨大贡献。这套美式的"机制设计理论"主要依据的，便是以上五种利益基底构造中的最后一种，当然，也是容易引发对抗、制造不和谐的一种。它是美式管理哲学的自然延伸和表现。

综上所述，机制之所以能够自动运行，是因为其背后的利益基底构造。这些机制借助利益相关方的利益诉求和利益博弈，将其合力的方向导向预定目标，借风使船，顺水推舟，从而自动自发地实现目标。

## 2.3 自运行机制的三大关键词

构造利益基底，只是为自运行机制打下一个扎实的"地基"。而在利益之外，还有三点不容忽视：人性、参量、极简。也就是说，自运行机制还要注意把握人性，掌握参量，最大限度简化实际操作。

下面我们通过三个案例，对这三个关键点予以简单说明。

**案例1：盗墓贼如何互信**

人类在机制方面的早期智慧设计，出自一个并不光彩的行业——盗墓。盗墓时，盗墓者一般会打一个盗洞，刚好足够放一个人下去，这个人在里面摸呀摸，摸到的东西由上面的同伙吊上去，最后再把人拉上去。问题是：敢挖人祖坟的，都非良善之辈。为了少一个人分赃，有的盗墓者便故意不把下去的人拉上来，将其永久留在墓中。这种事情一而再再而三地发生后，谁都不肯再下去了，行业的可持续发展成了问题，怎么办？

盗墓团伙领导班子经过认真研究，决定采用一种新的机制，"上阵父子兵"：父亲留在上面，儿子下到墓中，且最好是独生子。这一做法效果显著，原因很简单：断后了，盗来的金银财宝留给谁？

读者朋友，这一做法倒过来行不行，儿子留上面，父亲在下面？

这一行业惯例告诉我们：机制设计要立足人性，顺着人性的方向走，必要时利用人性作杠杆，因为机制设计到最后，就是设计人性。

### 案例2：如何补偿养殖户

前些年，高致病性禽流感年年"拜访"养殖户，从 H1N1、H5N1 到 H7N9。由于这些病毒可以直接传染人类，一时间人心惶惶，老百姓都不敢购买活禽了，活禽的市场价格一落千丈，远远跌破了养殖成本。另一方面，疫情暴发后，政府基于公共安全考虑，对家禽进行了大量的扑杀，然后对养殖户予以合理补偿。问题来了，政府按照什么标准进行补偿更合理：疫情暴发前的市场价、养殖成本价，还是疫情暴发后跌得一塌糊涂的市场价？这些价格都表现为一个个的"数字"，可到底哪一个"数字"才是合理的呢？

事实上，企业许多规定中也有"数字"，譬如罚款金额、提成系数、请假天数，这些"数字"都可以被称为"控制参量"。对控制参量进行赋值，不能靠感觉、凭经验、拍脑门，而是需要科学严谨的计算，必要时还要建立数学模型。由于控制参量决定机制怎样触发、何时触发，相当于机制的控制阀，所以过大或者过小都不合适。那么，就下面这个案例而言，政府补偿价格设为多少合适呢？

2001年，英国暴发了口蹄疫，被感染的牛、羊立即被捕杀、焚烧、掩埋。当时的英国首相托尼·布莱尔为了争取选票，拉拢受损失的农民，决定按照疫情暴发前的高价格对养殖户进行补偿，结果半年过去了，疫情越发严重，数百万头牛、羊被宰杀，还看不到扑灭疫情的希望。一调查才发现，没有患病的正常牛、羊在市场上的销售价格非常低，染了病的牛、羊交给政府处理后，反而能得到高价补偿，农民会作何选择？很简单，农民会想方设法让牛、羊染上病。所以一到夜晚，一些农民赶着牛、羊，越过封锁线，到疫区去，不让牛、羊染上疫病，誓不回来。

这个问题的解决办法很简单，市场什么价，补偿什么价！农民没空子可钻了，就不再折腾了，英国的口蹄疫疫情很快就被扑灭了。

这一历史教训告诉我们：机制设计要把握好控制参量，通过科学计算，消除一切寻租空间和套利机会，相关方无利可图，自然不会去折腾！

再举一个中国的例子：安居房分配。由于安居房和商品房之间存在巨大的利差，一些群众便为了获得分配资格而弄虚作假。应当从机制设计上杜绝钻空子的可能，而非等到作假发生，再回过头来严肃查处，耗费政府精力。

**案例3：如何分配停车位**

一家上市公司，按照传统方式抓管理，KPI搞了很多年，虽说劳神费力，但在管理人员兢兢业业地付出下，公司的运行也还比较正常，可有一个小地方却怎么也管不好，那就是公司的停车场。

公司总部位于城市的中央商务区，停车位极其紧张，600多个员工，数百辆车，可停车位只有80个，晚来一点就没地方停车了，周边借也借不到停车位，而且员工居住得非常分散，设班车、员工拼车都不现实。怎么解决？

第一种办法，建立体停车场。可立体停车场不是想建就能建的，要向政府报批，不仅未必能批得下来，而且建设成本不低，维护费用更高。

第二种办法，实行尾号限行。周一允许尾号为1、9、A、Z的车停，周二允许尾号为2、8、B、Y的车停……嗯，不错，这是培养员工成为记忆超人和数学天才的好办法。

第三种办法，采用价格调节。大幅提高收费标准，同时将收来的停车费分配给那些不开车的员工。嗯，很公平嘛，可收取停车费就要折腾一次，统计核算又要折腾一次，分配再折腾一次，审计监督……公司有必要把时间和精力浪费在这上面吗？一万年太久，只争朝夕！

最简单的解决办法：上个季度KPI考核排名在前70位的员工，下个季度就拥有免费停车位，剩下的10个停车位，留给来访客户。

这种激励方式，又被称为特权激励。你努力，你优秀，你就拥有停车位这一稀缺资源的使用权，而且对员工而言，获得停车位远比获得KPI考核奖金更有成就感，更有荣耀感。

这一实操案例告诉我们：机制设计要裁减烦琐，回归简单，不要把事情变得更复杂，而是要想办法使之变得更简单。

通过以上三个案例，想必读者已经在头脑里勾勒出了自运行机制的整体轮廓：基于利益，发于人性，精巧参量，简单操作。这四项便是机制自运行的必要条件，也是机制设计需要注意的"四项基本原则"。

## 2.4 设计案例解密：不靠人才，靠机制

大道至简，返璞归真，道法自然，无为而治。

无为而治，并不是撒手"不管"，不闻不问，什么也不做，而是"不管而管"，人不管，机制管，自动管。

这是企业管理的最高境界。欲达此境界，不靠人，而要靠机制设计。靠人的专业、敬业、勤奋、努力，靠人施行的严格管理、规范化管理、精细化管理，即便把企业管得很好，也只能叫做"有为而治"，与"无为而治"的管理境界是背道而驰的。

过去一段时间，"有为而治"的思想占据上风，企业命运似乎完全取决于个人的努力和能力，尤其是高层管理人员。与此同时，企业管理工作也被有意无意地渲染为复杂深奥的系统工程，成了少数精英的专属领域和专业技能，不是一般人玩得转的。相应地，企业成败就被肤浅地、表面化地归结为"人"的问题，企业成功是因为找对了人，企业失败是因为人不给力。要想让企业成功，一方面，企业家需要自我修炼成神人、圣人、完人；另一方面，企业需要到处物色能人、高人、达人，尤其是高级管理人才。企业家英明神武，管理层精明能干，"君明臣贤"，企业自然兴旺发达。

退一步说，如果企业家自觉不够英明，按照所谓的现代管理学，将企业交给高管打理，同样能够使企业实现"标准、规范、上档次"。许多企业都将"从优秀到卓越"的希望，寄托在这些职场精英身上。

可问题在于：企业发展，无论靠企业家的"圣明"，还是靠管理层的"英明"，即便一时兴盛，又能持续多久？

问题还在于：在普遍联系、相互影响的人类世界，一个人、一家企业之所以成功，很大程度上，不是因为你有"雄才大略"，而是因为你的成功能给利

益相关者带来好处。他们有意无意地希望你成功,推动你成功,你才可能成功。一言以蔽之,一个人、一家企业的成功,是其他人追求利益的副产品。由此可见,企业的长久发展和持续成功,不能靠人,而要靠人背后的利益安排。

一位中国企业家对此见解深刻:"什么是人才?我看最典型的华为人都不是人才,钱给多了,不是人才也变成了人才。"[1] 这句话并不准确,有些领域是需要天赋的——给笔者再多钱,笔者也跑不过刘翔。但在企业管理领域,此言可谓一语中的:人才固然重要,但人才背后的机制更加重要。有了好的机制,普通人也会变成人才;没有好的机制,人才也会变成庸才。

所以,一个优秀的企业家、领导者,最重要的,不是去修炼什么七大特质、八大能力,把自己修炼成神一般的存在;也不是死扣什么识人用人的七大原则、八大标准,在自己头上"扣"出一双识人的慧眼。一个优秀的企业家、领导者,首先应当是一个优秀的游戏规则制定者,制定好游戏规则,让别人去玩,而玩的结果正是其想要的。

事实上,企业管理中许多要靠个人能力去解决的问题,譬如所谓的领导力、胜任力问题,都可以转而通过机制设计来解决,以下就是一个典型案例:

深圳乐坊科技娱乐公司(应企业要求,这里采用化名,以下简称乐坊公司),开设有数十家虚拟现实(VR)游乐馆,分布于各大商业城,每家游乐馆有5或6名员工,采用"底薪+提成"的传统薪酬模式。由于底薪只能升不能降,员工的入职年限越长,底薪就越高,于是这等于又回到了论资排辈的老路上。此外,老板的耳根子软,谁会向老板争取,谁会诉说自家的困难,谁会铺陈自

---

[1] 快读书馆. 任正非最新讲话:钱给多了,不是人才也变成人才[DB/OL]. http://www.360doc.com/content/16/0926/20/27972427_593840827.shtml, 2016-09-26/2019-03-24.

身的贡献，谁的加薪次数就多，底薪就更高。

公司每月下达业绩考核目标，但那些业绩不达标的店长总能找到客观理由，向老板落泪陈情，老板心软，最后总是特殊处理。

显然，从传统管理学秉持的信条教义看，乐坊公司的老板压根儿就不是一个合格的领导者，可老板是换不了的，怎么办？

很简单，不靠领导靠机制。

我们在现有薪酬机制的基础上，为乐坊公司增设了"月度新增PK制"和"动态底薪制"，具体如下：

（1）以每个月新增营业额为基准，店和店之间两两PK，每个月轮换，每次的PK对手不同；

（2）赢的一方提成比例提高0.1%，输的一方提成比例降低0.1%；

（3）连续6个月或1年当中有9个月赢的店，店长和店员上调一级工资，反之则下调；底薪浮动，上不封顶，下至法定最低工资；

（4）两次上调底薪的店，店长进入公司储备干部名单；而两次下调工资的店，重新改选店长或公司派驻新的店长。

这套机制安排，"伯乐赛马不相马"，不靠老板"慧眼识英才"去选人用人，不用领导操弄"加薪升职"去驭人管人。提成也罢，加薪也罢，升职也罢，降级也罢，都是公开透明的，员工不用再找老板了，这种清清楚楚的局面，正是90后、00后的年轻人最想要的。至于老板帅不帅，酷不酷，领导力高不高，执行力强不强，一点儿都不影响企业的日常管理和正常发展。

动态底薪浮动还有一个好处，即便原有工资体系不公平、不合理，也能通过动态运行将问题化解于无形，在运动变化中实现动态公平。

# 第 3 章 机制设计,从生产力入手

CHAPTER 03

四川成都武侯祠诸葛亮殿有一幅著名的楹联，为清光绪二十八年（1902年）时任四川署理盐茶道使赵藩所撰："能攻心则反侧自消，从古知兵非好战；不审势即宽严皆误，后来治蜀要深思。"毛泽东和邓小平都对此"攻心联"评价甚高，故有人将其誉为"治国第一联"。

烹小鲜如治大国。将此楹联阐述的高远见解延伸到企业管理中，即可得一联："抓管理宽严皆误，巧设计反侧自消"。只要抓管理，管理者和被管理者就会天然地处于对立面，就会陷入没完没了的博弈和对抗当中；只有巧设计，双方才有可能走向和谐共赢。这是对东方管理智慧的传承和发展，也是自运行机制设计的主旨所在。

## 3.1 自运行机制设计的四大要点

企业内部机制如何巧设计，才能化对立为和谐，化对抗为共赢？

现实生活中的机制，背后都是利益，设计机制，就会连带着调整利益。企业内部的和谐共赢，首先来自于利益方面的精巧安排。

而在此之前，还需要对企业内部的利益空间（利益场[①]）做到胸中有数。譬如说，涉及哪些利益，存量是多少，增量是多少，可分配总量是多少，利益

---

[①] 如果在经济空间（或经济空间的某一部分）中的每一点，都对应着某一经济量的一个确定的值，则称此空间为该经济量的一个经济场。参见戴天宇. 新范式经济学[M]. 北京：清华大学出版社，2017：218.

相关方都有谁，现有利益格局是怎样的，利益矛盾冲突的焦点是什么，未来的变化趋势如何……一句话，要对利益方面的基本情况有一个清晰的总体的认知。在此基础上，从前述的五种利益基底构造中选择合适的情形，承载和容纳各个相关方的利益诉求，使之在同一个屋檐下共存，这样一来，企业内部的和谐共襄，就有了坚实的"利基"。

然而在五种利益基底构造中，只有第一种情形是基于共同利益的，调整起来比较容易。其他情形下，企业内部的既得利益格局往往已经形成，譬如企业高管和员工之间的分配比例，机制设计如果要触动既得利益，会比触动灵魂还难——动谁的奶酪，谁就会和你"玩命"，怎么办？

前文所说的通达快递老总，就曾遇到过这样的烦心事。

通达快递总公司本着"轻资产运营"的思想，没有购置运输车辆，而是与社会第三方合作。为吸引更多车辆与其合作以满足每年翻番增长的快递业务量，同时考虑到车辆的磨损确实大，所以通达快递总公司支付的运费很高。

很快，公司高管们从中发现了巨大的"商机"，纷纷筹钱买车，借第三方名义将这些车投入线路运营。高管的地位越高，权力越大，抢占的"赚钱机会"就越多。普通员工没有"捞"的机会，自然怨声载道。通达快递公司该怎么办？

一位书斋里的管理学家，向通达快递老总进言：对于公司高管们这种权力自肥、中饱私囊的行为，一定要严肃查处，绝不手软，不能放任其腐化和败坏公司风气；否则，长此以往，"国将不国"。

笔者知道后赶紧叫停了这一幼稚想法。高管们的行为固然不端，但既得利益格局已经形成，如果贸然调整，只会使公司鸡飞狗跳。

该怎么解决？考虑到通达快递每年都需要新增大量的运输车，我们设定新的游戏规则如下：

（1）既得利益不动。原有车辆的运营权和收益权，无论此前以何种方式获得，放在谁的名下，只要申报，均视其符合规定并予以保护；

（2）增量调节存量。新增车辆的运营权和收益权，只能由员工用平时努力工作积攒的积分换取，若员工违反公司规定，则会被倒扣积分。无论哪一级员工，积满1000分，就可以获得一辆车的运营权；扣到1000分，就得交出一辆车的运营权。

这样一来，高管们以权谋私的坏事，就变成了激励员工的好事。由于普通员工也有机会获得运输车的运营权和收益权，"不患寡而患不均"，原来的牢骚满腹，怨气冲天，现在变成了努力工作的动力。

这种激励方式，也被称为机会激励。你努力，你优秀，你就拥有发财的机会，公司还不用额外拿出资金去奖励。

这便是机制设计的"和合"思路。不纠结于过往，不执著于既得，团结一致向前看。企业内部的利益空间不是固定的，而是富有弹性的，是可以膨胀的。所以，机制设计不会盯着眼前的那点儿既得利益，而是向未来要更多的利益，向生产力发展要更多的利益，然后用利益增量的分配去带动存量的变化，在运动变化中重塑新的利益格局。

机制设计首先关注的，是生产力的发展，是利益空间的增量，是企业的盈利，由此形成了管理机制设计的四大实操要点：聚焦盈利、主体归位、利益内嵌、自我运行。

所谓聚焦盈利，是指管理机制设计必须围绕企业盈利展开。凡是不以企业盈利为目的的机制设计和安排，都是不合理的，因为衡量企业组织的根本标准就是投入和产出，用最小的投入实现最高的产出，这是企业的根本目标。回归初心，直达本心，除此以外，都是白费力气。聚焦盈利，解决的是自运行机制设计中的"动什么"问题。

所谓主体归位，是指根据企业的盈利来源确定机制主体是"谁"，机制应当以"谁"为中心来展开。一般而言，"谁"为企业直接创造收入和利润，"谁"就是企业的生产力，"谁"就是机制主体，"谁"就是机制设计的重点服务对象。一切服务于生产力的发展和企业的盈利。主体归位，解决的是自运行机制设计中"让谁动"的问题。

所谓利益内嵌，是指要让机制"动"起来，就得让机制主体"动"起来，就得做出能让机制主体"动"起来的利益安排。如果直接关系到机制主体的切身利益，他就会推着机制"动"起来。利益内嵌，解决的是自运行机制设计中"为何动"的问题。

所谓自我运行，是指通过控制参量、函数关系或者博弈结构上的细调、微调，让管理机制不仅"动"起来，而且还能自己"动"下去。自我运行，解决的是自运行机制设计中"怎么动"的问题。

接下来，我们通过三个实操案例，对四大要点进行细致说明。

## 3.2　机制设计四大要点：服务业案例

深圳连锁餐饮企业西部渔村（应企业要求，这里采用化名）以往采用的管理模式，是一套严密的岗位职责管理体系，每个人都有一张详尽的岗位职责表，上面密密麻麻地写着各种规范、要求和指标。管理者按照岗位职责表，一级一级落实工作。老板抓高管，高管抓督导，督导抓店长，店长抓主管，主管抓员工，员工也被分为迎宾、散服、传菜、撤台、保洁等不同的岗位，各司其职，各尽其责（图3-1）。一年到头，从老板到员工，上上下下的神经都绷得很紧。

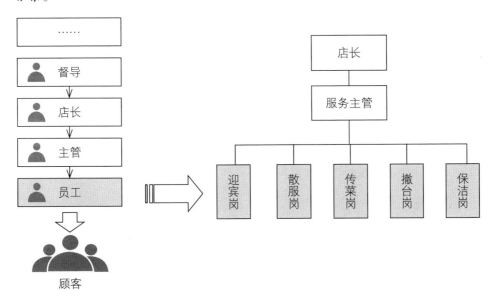

图3-1 西部渔村的岗位职责管理体系

然而，这种高强度的管理，是建立在压制人的个性创造、摧残人的工作快乐的基础之上的，而依靠管理人员的高强度透支自身健康和生命的管理方式，显然是不可持续的，时间一长，老板疲惫不堪，高管悄然松懈下来，员工趁机偷奸耍滑，顾客抱怨快速增多。

为了激发高管的积极性，老板提出实行股权激励；为了调动员工的积极性，老板提出加大薪酬力度。可问题在于：股权激励，最终能调动员工的积极性吗？薪酬激励，又能让员工的积极性保持多久？

股权激励，是最高等级的激励，在其他激励方式没有穷尽之前，不应轻易动用，因为如果不见效，就没有回旋的余地和退路了。而且退一万步讲，即便股权激励能够调动高管的积极性，可高管又凭什么能够调动中低层管理者的积极性，中低层管理者又凭什么去调动一线员工的积极性？在一个企业当中，直接创造收入的往往是一线员工，股权激励根本触不到一线，又怎能激活生产力？正如一个人，即使打通了颈椎，可若腰椎、骶椎仍然不通，照样是半身不遂。

薪酬激励，薪酬而已，激励纯属"打酱油"。一个典型的现象是，刚出校门的大学生到企业来工作，工资虽然很低，却朝气蓬勃，干劲十足，五年后成了老员工，工资翻了几倍，可干劲、拼劲、闯劲全没了。薪酬越高，越没干劲，从这个意义上说，中国多数企业的薪酬机制彻彻底底失败了，而这些企业的人力资源部门却还在这个工资基数、那个岗位系数上琢磨来琢磨去，在数字海洋中遨游，真是滑稽。

股权激励、薪酬激励都不"灵光"，怎么办？很简单，按照四大实操要点，分四大设计步骤，重新设计企业的运行机制。

**第一，聚焦盈利。**

机制设计是为企业盈利服务的，盈利所在，机制所在。

因此在机制设计实操中，首先须弄清楚的是企业的盈利模式和盈利来源，据此找出创造盈利来源的企业内部"生产力主体"，然后围绕"生产力主体"展开设计。简言之，机制设计是从生产力着手的，而非光鲜亮丽、富丽堂皇的上层建筑，至于像顶层设计、领导风格、企业愿景之类的"高富帅"，都应先搁在一边，等到"生产力主体"的核心机制安排妥当，再来解决这些"高大上"的问题也不迟。

那么，企业的盈利来源都有哪些呢？实践出真知，在商海中摸爬滚打的企业家们早就对此做了总结："一流的企业卖标准，二流的企业卖品牌，三流的企业卖产品。"或"一流的企业卖标准，二流的企业卖技术，三流的企业卖服务，四流的企业卖产品。"将这两种说法融会贯通，便可得到对盈利模式的初步认知，那就是企业的盈利来源总共有五种：卖产品、卖服务、卖品牌、卖技术、卖标准（图3-2）。当然，这五种盈利来源在一个企业中是可以并存并相互叠加的。那么，像西部渔村这样的实体餐饮企业，盈利主要来自哪一种？

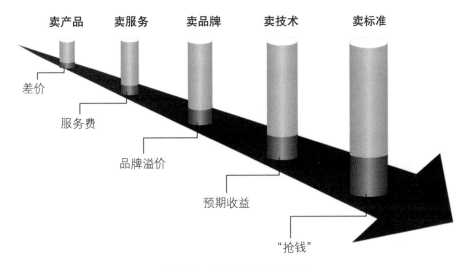

图3-2　企业的五种盈利来源

有人说是卖菜品，若果真如此，创造企业盈利的关键就是菜品研发师和厨师，机制设计就应该围绕他们去展开，但真是这样吗？

实体餐饮企业卖的实际上不是菜品，而是顾客体验，是以菜品为媒介，包含菜品、服务、环境、品牌、文化等因素在内的顾客的综合感受。在这些影响因素当中，最主要的还是服务，而影响顾客体验的服务缺陷，如服务不及时、服务态度差、地面不卫生、餐具不整洁等，都与一线服务员工有关，一线服务员工是影响顾客体验乃至影响企业盈利的关键。不过，做好服务要靠"心"，如果一线服务员工不用心、不走心，不把心放进去，再多的服务标准和岗位规范也没有用。

要让一线服务员工用心走心，怎样的生产力组织形式更恰当？

**第二，主体归位。**

顾客体验应当是全方位、全过程的，覆盖从顾客进门到结账走人（可延伸至进门前和结账后）的全部环节，涉及所有与顾客打交道的服务人员。由此可以确定，经营顾客体验、创造企业收入来源的生产力主体，不是一两个人，而应当是一个团队，凡是在此过程中直接接触顾客、直接影响顾客体验的一线服务人员，都应当整合进团队。

根据这一分析，公司将门店里的一线服务人员，按照自愿原则，组建成若干服务团队，每个团队负责店内一片服务区域，涵盖迎宾、散席、传菜、撤台、保洁等全部的服务岗位，提供从顾客进门到结账走人的全程服务，对顾客在全过程中的全体验负全责。

服务团队实行自然管理。所谓自然管理，是指不需要复杂的系统学习就能实行的管理，譬如班长管理手下几个弟兄，不需要上军校，也不用上MBA、EMBA。自然管理之所以可行，是因为管理学知识随着网络的普及已经变成了人们日常生活中的常识。显然，自然管理是成本最低的管理方式。

服务团队实行自组织、自管理。团队的队长经由选举产生，享有顾客服务现场的一切便宜之权，包括赠品、打折和免单，可以根据不同的场景指挥店长乃至总经理，一句话，"让听得见炮声的人指挥炮火"；团队内部分工尽可能模糊，可以相互机动补位甚至客串，譬如传菜的忙不过来，其他成员就会自发过去帮忙，服务效率自然得到了提高。

这样设计出来的服务团队，是最小规模的具有完整功能的生产力单元，同时也是自然管理单元、自管理单元，三位一体，自我运行（图3-3）。单元内部的沟通成本、管理成本最低，是自运行机制设计的最佳起点。

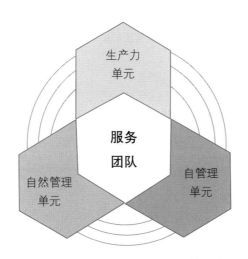

图 3-3 自运行机制三位一体（生产力单元、自然管理单元、自管理单元）

**第三，利益内嵌。**

机制主体确定之后，接下来，就要利益内嵌，这样才能让员工们"动"起来。问题是：嵌入什么利益，怎么嵌，嵌多少？

也许有人会说：简单，给钱呗。首先，员工要的不一定是"钱"，商品类的需求可以用钱来解决，非商品类的需求给钱也没用；其次，就算员工要的是"钱"，给的名目、依据、金额、频次、时点、变化幅度，都是大有文章的。有效的激励首先要了解机制主体的需求，换言之，员工需要什么，需要什么形式的，决定了企业激励什么，怎样激励。

具体的做法是，通过调研，了解员工的种种需求，然后分门别类填入马斯洛需求层次图，再进行图上作业，将机制主体最核心的三个需求点、最想要的三个需求点、最不满的三个需求点分别标出来，从中选出企业准备采用的利益组合（图 3-4）。

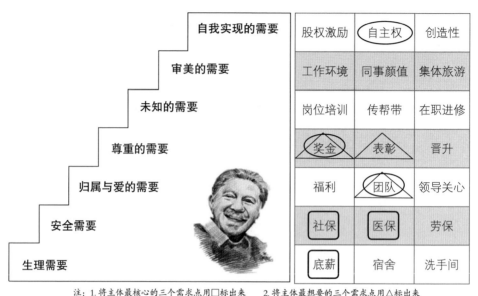

注:1. 将主体最核心的三个需求点用□标出来　2. 将主体最想要的三个需求点用△标出来
　　3. 将主体最不满的三个需求点用○标出来　4. 从中选出企业采用的利益组合

图 3-4　西部渔村服务团队需求层次图分析

将选出的利益组合，按照需求维度进行归类，便得到表 3-1。

表 3-1　西部渔村服务团队需求维度表分析

| 机制主体 | 资金维度 | 资本维度 | 社群维度 | 其他维度 |
|---|---|---|---|---|
| 服务团队 | 底薪+奖金+社保+医保 | NA | 团队+表彰 | 自主权 |
| 服务团队利益诉求组合 = 底薪+奖金+社保+医保+团队+表彰+自主权 ||||| 

如表 3-1 所示，服务团队最看重的，同时也是可以调整和变化的"利益点"，是奖金、团队、表彰与自主权（服务/优惠/分配自主权）。不过，若是直接把奖金与设计目标——顾客体验挂钩，必然导致服务团队在服务顾客时向钱看齐，急功近利，心态焦灼，行为浮躁，所以中间需要插入一个参量进行转圜。具体做法是，以（好评单数 − 差评单数）作为表征顾客体验的指标，以（团队奖金＋自主权）作为表征主体利益诉求的指标，为使二者联动又隔离，在中间

插入一个参量,即团队奖券,于是就得到一个机制——团队计件制。

团队奖券 =(好评单数 − 差评单数)×10− 优惠分担

式中,好评是指顾客评分在 4.5 分或以上,差评是指顾客评分在 4 分以下,优惠分担包括:(1)赠品,团队分担 10 元;(2)打折,团队分担 15 元;(3)100 元及以内的免单,团队分担 20 元;(4)100 元以上的免单,团队分担 20%。

服务团队经营的是顾客体验,怎么让顾客满意怎么来,拿到一单好评,即得一份奖券,就像游戏中打怪一样简单明了。至于客单价、翻台率之类的单调指标则无须团队关注了,当口碑载道,顾客盈门,顾客一到饭点就坐着小板凳在门口排队候着,企业想不挣钱都难。当然,如果服务团队妄图滥用赠品、打折、免单等优惠措施去买顾客满意,只会赔个底掉,因为精算过的优惠分担系数会让歪门邪道得不偿失。

第四,自我运行。

自运行机制的内在运行机理,可以扼要地概括为二十个字:目标导向、利益驱动、博弈约束、动态演化、达成目标(图 3-5)。

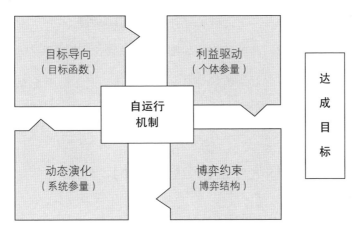

图 3-5　自运行机制的内在运行机理

目标导向,就是构造一个利益函数,使机制主体对利益的追求,经过中间的引导或者转化，最终指向设计目标。利益驱动，就是设置机制主体的利益参数，驱使他们奔向设计目标。如果机制主体有偏离目标、谋取不当利益的可能，则需要引入博弈，使他们在相互制约中不得不转向设计目标。最后，在总体层面上设好系统控制参量，动态演化，达成设计目标。

不难看出，机制的自我运行有三个关键节点：控制参量、目标函数和博弈结构。如果设计出来的机制做到了前面所说的主体归位、利益内嵌，可还是不能够自动运行，则需在这三个方面进行细调、微调。

据此，我们最终为西部渔村的服务团队构建的是一种集体-个体的博弈结构，即奖券兑换制。服务团队每月获得的奖券累积，可以选择兑换华为手机、苹果手机、团队奖金、集体旅游，甚至是私家车首付。

譬如兑换苹果手机，一个优秀的团队，一个月所得奖券最多只能兑换一部，满足一个人，怎么办？没关系，这个月先给他兑换，下个月再为你奋斗，人人为我，我为人人，团队一年的斗志都有了。

再譬如兑换私家车首付，公司提供担保，车放在公司名下，按揭贷款三年还完之后，才过户到个人名下，形成一种稳固的留人机制。

作为生产力单元的一线服务团队实现了自我运行。接下来，作为管理人员的主管、店长乃至公司管理层该做什么，也都一清二楚了。新机制运行的结果是：公司总部的管理人员砍掉一半。

## 3.3 机制设计四大要点：金融业案例

上海浙商信用担保公司（应企业要求，这里采用化名，以下简称浙商担保），是一家专门为中小企业提供融资担保的企业。自成立以来，该企业发展迅速，先后与多家商业银行签订合作协议，累计为上千家企业提供了贷款担保。

然而，信用担保毕竟是一个高风险、低收益的行业，中小企业的信用意识相对较弱，担保金额动辄百万，担保费率却只有3%，这就意味着，扣除经营成本，100个担保项目只要有一两个出现逾期或者坏账，担保公司就得先行赔付给银行，就有可能发生亏损甚至公司倒闭。

浙商担保原有的风险管理办法是天天敲响风险警钟，层层签订岗位责任，哪个工作岗位出问题，就追究哪个岗位的责任。问题是，管理层每天瞪大眼睛，神经高度紧张，时间长了，还是会疲劳，一旦爆雷，等于一年白忙活了。管理层终于意识到：靠人为的勤奋、努力和身心透支去管控风险，既劳民伤财，也无法持久，必须寻找不依赖人的办法——从模式、流程和机制设计等方面重新想办法。

**第一，聚焦盈利。**

信用担保公司经营的是增信服务，企业盈利需要同时做到两点：快速做大业务规模、严格控制贷款风险。既要高效做业务，又要高效控风险。如果不能快速做大规模，固定成本无法摊销。如果不能严格控制风险，规模大了问题会更大，因为信用担保业务并不符合所谓的"大数定律"，只要有人的介入掺和，社会事件的发生就有倾向性，就不是等概率的，信用担保公司做大规模并不能稀释风险。

综上所述，信用担保公司要想盈利，难度极大。如果浙商担保的商业模式不改，盈利模式不变，企业盈利的关键，就在于"双高效"：高效做业务、高效控风险。而且这种高效，不是靠人的勤奋和努力，而是基于业务流程和管理机制的精妙设计。

浙商担保盈利的第一步，是建立"双高效"的流水线作业流程。为此，浙商担保采用了"双螺旋"流程，将业务线与风控线相分离（图3-6）。业务高速吞吐，风控高效把关，专业分工，相互独立，既制衡又配合。

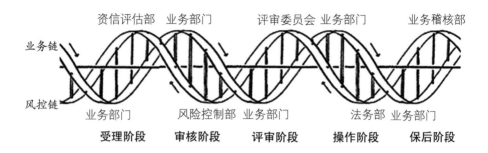

图 3-6 浙商担保"双螺旋"流程设计

第二步,就是为"双螺旋"的业务流程设计相配套的风控机制。下面介绍管控风险的方法。

**第二,主体归位。**

管控风险,靠纸糊的规范远远不够。要让项目经办人员全心投入,把公司的事当做自己的事才行。机制主体应当如何构建呢?

说来也简单,风险管控,盯一两个人并没有用,要抓一条线、一条链,因为事故的发生是一个链式反应,就像多米诺骨牌,所有环节都失守,事故才会发生,阻断其中一个环节,事故就不会发生,此链即为风险链。

根据风险链,即可构建出机制主体——"随机六角连坐组合"(图3-7)。每个担保项目,都由业务线上的业务经办A角和B角共同经办,相互制衡,由风控线上的资信评估C角、风险控制D角、风险稽核E角、法务审查F角依次把关。六方随机抽选组合,各司其职,利益共享,责任共担,一荣俱荣,一损俱损,从而有效防范项目风险和道德风险。

图 3-7 浙商担保"随机六角连坐组合"机制主体

第三，利益内嵌。

信用担保业务中，与徇私舞弊所带来的巨大利益相比，项目经办人员每月的那点儿工资和奖金，根本无法形成有效的制约，怎么办？

很简单,给当事人建立风险金池。资金积累得足够多,他就不会轻举妄动了。每个担保项目，都有A、B、C、D、E、F六个角，他们依据分工，按照项目金额，各自提取一定比例的风险金。如果项目正常终结，发放一半风险金，剩余一半继续积存；当蓄积超过了最大限额，超额部分可以提取（图3-8）。风险金池积存越多的员工，越有资格做大单。

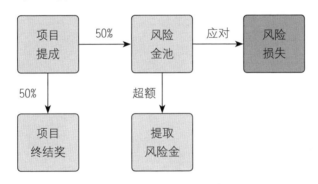

图3-8 浙商担保"风险金积存"机制

第四，自我运行。

业务线高效做单，风控线高效风控，两者之间天然地存在着博弈关系，对此可以推动机制自运行。为突出这一博弈关系，我们采用"倒向扣分法"，业务经办A角、B角对担保项目加分，而风控C角、D角、E角、F角发现问题按规则扣分，最终根据担保项目的分数，对担保项目予以不同处理，或者通过，或者否决，或者搁置，或者要求企业补充反担保物，等等。

表3-2 浙商担保"倒向扣分法"机制

| 被评企业: | | 行业类型: | | 企业性质: | |
|---|---|---|---|---|---|
| 资信评估员: | | 资信评估经理: | | 异议复评领导: | |
| 企业评评前分值: | 200分 | 企业评评后分值: | | 评估时间: | |
| 评分指标 | 指标名称 | 指标系数 | 情节严重,扣3分(-3) | 情况一般,扣2分(-2分) | 情况轻微,扣1分(-1) | 情况良好,扣0分 |
| 企业报送资料评价（考察企业态度） | 一、资料完备性 | | | | | |
| | 1. 核心资料完备性 | ×3 | | | | |
| | 2. 必要资料完备性 | ×2 | | | | |
| | 3. 辅助资料完备性 | ×1 | | | | |
| | 二、资料及时性 | | | | | |
| | 1. 核心资料及时性 | ×3 | | | | |
| | 2. 必要资料及时性 | ×2 | | | | |
| | 3. 辅助资料及时性 | ×1 | | | | |
| | 三、资料真实性 | | | | | |
| | 1. 核心资料真实性 | ×5 | | | | |
| | 2. 必要资料真实性 | ×4 | | | | |
| | 3. 辅助资料真实性 | ×3 | | | | |
| 单项评分小计: | | | | | | |

表 3-2 是浙商担保设计的"倒向扣分法"机制。通过这个流程和机制设计，2010 年，浙商担保公司的业务量翻了一番，却没有出现一笔逾期或代偿。

## 3.4 机制设计四大要点：制造业案例

深圳兰凯科技有限公司（应企业要求，这里采用化名，以下简称兰凯科技）是一家 LED 封装厂，生产过程按照工序分为固晶、焊线、烘烤、点胶、剥料、分光、编带七个车间，每个车间有 2 至 3 个班组（图 3-9）。

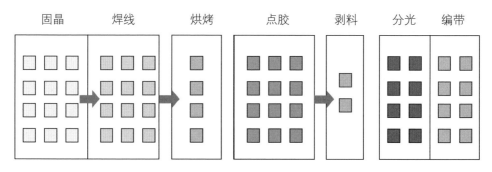

图 3-9　兰凯科技生产车间设置

但企业的产品质量总是出问题，而 LED 屏上只要一个死点、暗点或亮点，就会非常显眼，每年对客户的赔偿高达上千万元，企业的利润几乎全赔进去了。更要命的是，老客户还在不断地流失。

LED 灯珠很小，生产数量庞大，生产过程中很难全检，而且即使检出问题灯珠，也确定不了是哪个工序的哪个工人造成的。怎么办？

**第一，聚焦盈利。**

制造业企业的盈利模式，一般是卖产品。通常情况下，同行之间在成本、质量、交期上的差异并不大，所以，制造业企业创造收入和利润的核心环节，往往是销售。企业销售顺畅,就能够为研发迭代、产量提升、质量改善等争取时间和空间。

但兰凯科技的产品质量已经低于客户的底线,严重威胁到企业的生存。在此情形下,提升产品质量就成为企业盈利的关键。

**第二,主体归位。**

要想产品质量自动自发地提升,首先需要重构可以承担完整生产过程和追溯全部质量责任的机制主体——产线单元(图3-10)。具体来说,取消生产车间,设置产线单元,每个产线单元都可以独立完成全部工序。如此一来,质量责任就清晰落在产线单元身上。

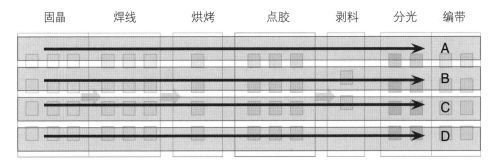

纵向划分为 A、B、C、D 四条产线,每条产线都从头到尾横贯整个流程

图 3-10 兰凯科技产线单元设置

**第三,利益内嵌。**

生产工人的利益设置,应当越简单越好。对于产线单元,公司最终采用了简便易行的团队计件制。

产线单元的总薪酬 = 生产数量 × 加工工费 — 品质问题工费的 50 倍扣罚 — 物料超损工费的 10 倍扣罚

譬如,一个工时的加工工费为 2 分钱,出现品质问题即要扣罚 1 元,同时造成的物料超损还要扣罚 0.2 元。

产线单元内部，负责人根据员工的技术等级和当月的工作表现，在一定的范围内进行薪资分配浮动。为了防止产线单元负责人管理不当，工人可以申请调到别的产线。如果产线单元当月总薪酬低于基准线，可以向公司借支，但借支超过一定额度或期限，将更换负责人。

**第四，自我运行。**

为了让机制动起来，产线单元和质检部门之间采用循环对抗制。对于产线单元的产品，质检部门发现的不合格产品数量越多，奖金越高，但产线单元可以在非轮班时间作为模拟客户，对质检后的产品复检，如果仍然发现有质量问题的，则夺回此前被扣罚的奖金。

$$质检部门的奖金 = 检出问题产品数量 \times 50 倍的工费 - 客户投诉产品数量 \times 100 倍的工费$$

此外，当月出现客户质量投诉的，第一起扣罚 1 000 元，第二起扣罚 2 000 元，第三起扣罚 3 000 元，依次类推。若当月奖金扣罚为负，则滚存到下月，直至更换质检部门负责人。

产品质检之后出库之前，产线单元可以在非轮班时间进行复检，如果再发现品质问题，则可以按照 50 倍的工费夺回此前被扣罚的奖金。

通过以上的机制设计，2018 年，兰凯科技的产品质量赔付金额一举从千万元的数量级降到了百万元。

第 4 章

# 实战机制设计(一):聚焦盈利

机制设计，聚焦盈利。

知道企业怎么赚钱，才能知道机制怎么设计。不过，要想弄清楚企业怎么赚钱，还得先了解企业的商业模式是什么。

当强盗，拦路抢劫，"此山是我开，此树是我栽，要想从此过，留下买路钱"。这种"没本的买卖"是不是一种赚钱方式？当然是。

但在现代法制社会，赚钱不能再靠拦路抢劫，只能通过向其他人提供商品或服务来赚钱。问题是，如果你手上的东西没有任何价值，别人是不会买的。因此，赚钱需要具备三个最基本的前提：（1）有价值；（2）有需求；（3）能向别人提供价值（交换）。

而这三点，正是盈利模式乃至商业模式的核心内容。

## 4.1 什么是商业模式

人们对商业模式的认识，经历了一个曲折蜿蜒、不断深化的过程，就如同盲人摸象，从局部到整体，再从宏观到微观，几个回合下来，才使得商业模式的"本来面目"慢慢变得清晰起来。

20世纪90年代，随着国内互联网产业及电子商务兴起，企业界开始关注商业模式，并引发学术界的跟进。自此，人们对商业模式的认知日新月异，短短十多年间，便从1.0阶段上升到了3.0阶段。

商业模式认知的1.0阶段，为局部认知阶段。少数先行者闯入了这片陌生的研究领域，获得了一些粗浅认识，如"商业模式说明企业如何运作"[1]"商业模式是赚钱的方式"[2]，等等。这些零散的认知恰如盲人摸象，张三摸到大象的耳朵，说像蒲扇；李四摸到大象的腿，说像柱子；王五摸到大象的尾巴，说像草绳……谁都没错，谁都不对。

商业模式认识的 2.0 阶段，为整体认知阶段。盲人一点点地摸，把大象摸了个遍，最后总能摸出一个完整的大象形象：厚厚的身子，大大的耳朵，粗粗的腿，细细的尾巴，长长的鼻子……这是盲人通过不断地摸，在摸的过程中不断清晰起来的整体认识。

商业模式认识的 2.0 阶段，是从局部感知上升到了整体认知。因为不同的学者，概括的逻辑不完全相同，归纳的角度不完全相同，所以提出了形形色色的"商业模式构成要素说"，譬如商业模式"三要素说"（客户价值主张、资源和生产过程、盈利公式）[3]，商业模式"六要素说"（定位、业务系统、盈利模式、关键资源能力、现金流结构、企业价值）[4]（图 4-1），商业模式"九要素说"（价值主张、分销渠道、客户关系、目标客户、盈利模式、核心竞争力、资源配置、合作伙伴、成本结构）[5]（图 4-2），商业模式"3-4-8 构成要素说"（3 种联系界面、4 种构成单元、8 种组成要素）[6]，等等。这些"要素说"都是在摸到了商业模式这头"大象"的多个部位后，再以某种排列组合呈现出来，

---

[1] Joan Magretta. Why Business Models Matter[J]. *Harvard Business Review*, 2002, 80(5):86−92.

[2] Geoffrey Colvin. What's Love Got to Do with It[J]. *Fortune*, 2001, (19):11.

[3] Mark W. Johnson, Clayton M. Christensen, Henning Kagermann. Reinventing Your Business[J]. *Harvard Business Review*, 2008, 86(12):51−63.

[4] 魏炜，朱武祥. 发现商业模式[M]. 北京：机械工业出版社，2009.

[5] 亚历山大·奥斯特瓦德，伊夫·皮尼厄. 商业模式新生代[M]. 王帅，毛心宇，严威译. 北京：机械工业出版社，2011.

[6] 原磊. 商业模式分类问题研究[J]. 中国软科学，2008，(5)：35−44.

形成的对商业模式的某种全貌认识。

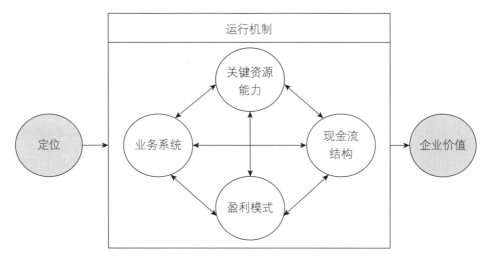

图 4-1　商业模式"六要素说"

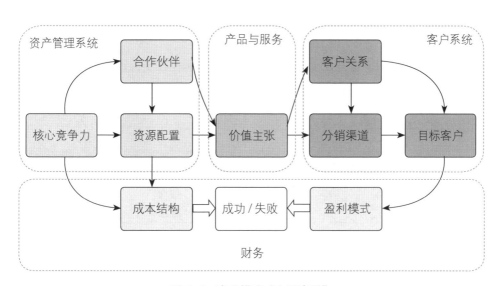

图 4-2　商业模式"九要素说"

不过，即使将商业模式"大卸八块"，分解成若干"组成部分"或"构成要素"，也无法将商业模式的本质弄清楚，因为对事物的认识是分层次的，结构剖析往往只看得到外在的形式，看不到内在的价值；看得到有形的"筋骨皮"，看不到无形的"精气神",更遑论深度把握商业模式"活的灵魂"了,正如将大象的耳朵、腿、尾巴等各个部分重新"安装"在一起,不可能得到一头活生生的大象。

商业模式认识的 3.0 阶段,为微观认知阶段。现代生物学研究已深入到基因层面。大象之所以为大象,不在于外观皮相或结构组成,而是由基因决定的。说一千道一万,都不如基因鉴定来得干脆利落。

研究企业的商业模式,也可以从两个层面入手:一是外在的企业层面,即表现型;二是内在的价值层面,即基因型。要想洞察企业的盈利本质,就得深入到内在的基因层面,考察商业模式的基因构造,寻找眼花缭乱的商业模式外在形态背后的简单逻辑。

什么是商业模式的基因呢?珠三角地区许多制造型企业由小变大的发展历程,同时也是商业模式的演进历程,从中我们不难找出答案。

改革开放之初,这些企业既无资金,也无市场,甚至连原材料在国内也很难买到,只能采用来料加工模式。在价值链上,企业只做生产环节,其他环节则由外商完成,如图 4-3 所示。

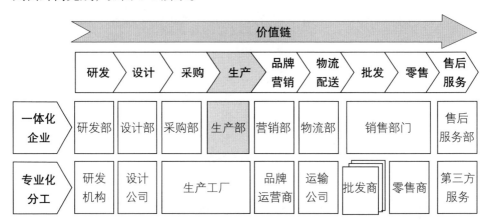

图 4-3 来料加工模式

随着时间推移，这些"三来一补"企业完成了原始积累，国内的原材料供应也变得更加丰富，于是这些企业将价值链上的采购环节纳入进来，变为 OEM（委托－制造）模式，其他环节仍由外商负责，如图 4-4 所示。

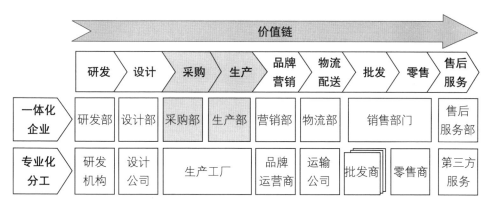

图 4-4　OEM（委托－制造）模式

再后来，企业又将价值链上的产品设计环节和产品研发环节纳入进来，从 OEM 模式变为 ODM（委托－设计－制造）模式，如图 4-5 所示。

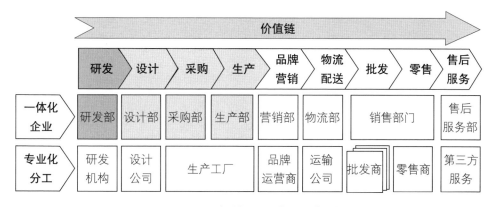

图 4-5　ODM（委托－设计－制造）模式

显然，从"来料加工"模式到 OEM 模式，再到 ODM 模式，企业的商业模式发生了巨大变化。那么，是什么导致了商业模式的变化？

如果一家企业，从产品研发到售后服务，将价值链上的所有环节都做了，则商业模式又变了，变成了全价值链（全产业链）模式，如图4-6所示。

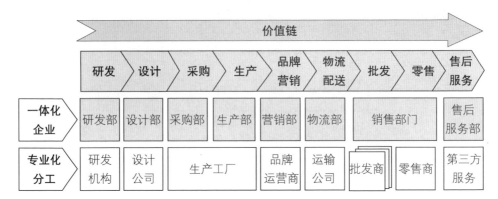

图4-6　全价值链（全产业链）模式

到底是什么导致了商业模式的变化？很简单，整条价值链上，企业自身拥有的价值环节发生了变化，引发了商业模式的变化。

所谓价值环节，是价值链的基本组成单位，是能够导致价值发生变化的功能片段，就像染色体上的DNA（基因）片段。

价值链是由一系列价值环节组成的，对价值链不断地进行分解，直至分解到无法再分解为止，得到的最小功能单位，即为价值环节，如产品售后服务可以分解为送货上门、安装调试、使用培训、定期保养、故障维修、废旧产品回收等价值环节，其中的每个价值环节，通俗地理解，都是可以单独拿出来成立企业、在市场上赚钱的最小单位，如图4-7所示。

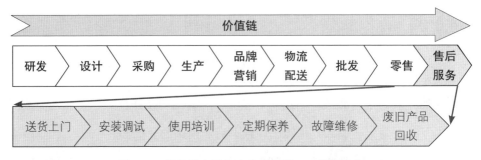

图4-7　价值链上的基本功能单位——价值环节

由此可见，价值链上的价值环节，正是商业模式的基因片段，而价值环节的分布与组合，便构成了商业模式的基因类型。

从表面上看，企业是人、财、物等经济资源的组合体，但从基因层面上看，企业则是价值环节的组合体，对这些价值环节进行剪切、拼接、重组等"基因工程手术"，即可变化出各式各样的商业模式。

至此，可以给商业模式下一个新的定义：价值环节的生态组合[①]（图4-8）。

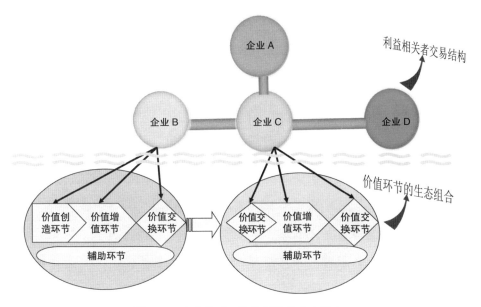

图 4-8　商业模式：价值环节的生态组合

## 4.2　什么是盈利模式

在价值链上，企业通过自身拥有的价值环节，创造或增值价值，并以此对外进行价值交换，换取的营业收入，扣除成本，即为盈利。

---

[①]　戴天宇. 商业模式的全新设计[M]. 北京：北京大学出版社，2017：41.

所以，盈利模式，准确地说，其实是营收模式（revenue model），所研究的，正是如何获取营业收入，也即企业创造或增加的价值，到底以何种形态"卖"出去。

盈利模式何以会成为一个需要研究的问题？在商业社会中，同样的产品或服务，物理属性虽然相同，但在交易中的价值交换形态却有可能大相径庭。譬如一辆汽车，既可以当做产品卖，也可以当做服务卖；既可以当做艺术收藏品卖，也可以当做赚钱的工具卖，背后对应的价值交换形态是截然不同的，成交价格也是全然不同的。

根据前面的总结："一流的企业卖标准，二流的企业卖技术，三流的企业卖品牌，四流的企业卖服务，五流的企业卖产品"，不难发现，"卖标准"的准确表达应当是卖资质，"卖技术"实质上是卖商机，亦即卖发财的机会，"卖品牌"实质上是卖文化。据此可得表4-1。

表 4-1　盈利模式的五大类型

| 类型 | 价值基础 | 说法 | 示例 |
|---|---|---|---|
| 卖资质（卖标准） | "抢钱" | 一流企业卖资质 | 标准认证费、连锁加盟费、手机月租费、银行卡年费 |
| 卖商机（卖技术） | 资本价值 | 二流企业卖商机 | 专利、版权、知识产权、股权、期权、手机SP端口、银行理财产品 |
| 卖文化（卖品牌） | 精神文化价值 | 三流企业卖文化 | 品牌、工业设计、文化艺术创意 |
| 卖服务 | 直接的劳动价值 | 四流企业卖服务 | 按次卖（"过路费"：手机短信按次数收费）按量卖（"油　费"：手机数据按流量收费）按时间（"停车费"：手机通话按时长收费）按比例（"手续费"：佣金、扣点、服务费）包干制（"入场费"：高尔夫球会员费、健身卡年费） |
| 卖产品 | 凝结的劳动价值 | 五流企业卖产品 | 定制手机 |

盈利模式的这一分类，既来自于实践总结，也与价值形态的历史演进完全吻合。价值分为三种，物质价值、精神文化价值和资本价值。商品经济的进化，从初级阶段（实体经济）到中级阶段（虚拟经济）再到高级阶段（虚体经济），正是以物质价值、精神文化价值和资本价值依次在社会交易总量中占据主导地位分野的。

有研究者将盈利模式归纳为"入场费、过路费、油费、停车费"，这种说法虽然很有趣，但实则挂一漏万，指的仅仅是"卖服务"中的不同卖法，而非盈利模式全部。例如中国移动作为综合电信运营商，盈利模式是复合型的，既有各种"卖服务"，包括短信按次数卖（即所谓的"过路费"）、数据按流量卖（即所谓的"油费"）、通话按时长卖（即所谓的"停车费"），也有"卖产品"（如定制手机）、"卖资质"（如手机月租费，打不打都要扣钱）等。

调整盈利模式，一般是向上升级的，譬如说，从"卖产品"转向"卖服务"，从"卖产品"转向"卖商机"。

一家在校园周边开自行车专卖店的企业，如何转变盈利模式呢？

如果仔细研究学生的需求，就会发现：学生真正需要的，并不是一辆自行车，而是在特定时间省时、省力、省钱地从A点运动到B点。

实际上，拥有一辆自行车，麻烦事不少，打气、上油、补胎、调链条、调座椅、调钢圈……件件都是头疼的事。如果想换一种车型，换一种骑行体验，几乎没有可能，有额外的花费不说，旧的也没地儿处理。

根据这一分析，剩下的事情就简单了：学生缴纳押金，换取一辆单车的使用权，每年购买服务套餐，即可享受各种服务，包括免费维修保养、免费车型更换、免费骑行装备租用、参加骑行活动等，学生毕业时还车退押金。回收的车辆经过翻新后，可以提供给新入学的学生使用（图4-9）。

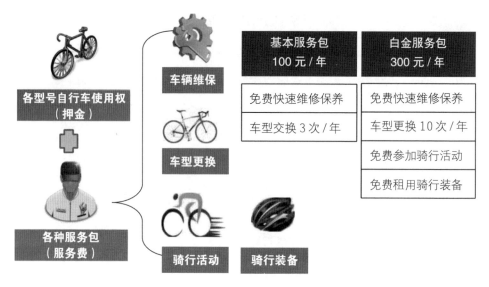

图 4-9 单车:从"卖产品"走向"卖服务"

如此一来,企业的盈利模式便从"卖产品"转向了"卖服务"。

## 4.3 基于第三方的盈利模式优化

基于第三方的盈利模式优化,是向第三方转嫁成本,或从第三方获取收益。互联网上经常出现的一句话很好地概括了基于第三方的盈利模式优化:"羊毛出在猪身上,狗来买单"。

向第三方转嫁成本,并不是以邻为壑,嫁祸他人。正如"垃圾是放错地方的资源",你的成本,很有可能是别人的收入;你的费用,很有可能是别人的财富。

从第三方获取收益,让直接顾客少花钱或不花钱,这便是所谓的"免费模式"。企业通过免费模式吸引足够的客户关注,形成庞大的客户界面,然后将客户界面"卖"给第三方,为其提供接触和发展客户的机会,从中赚取广告费、中介费、成交佣金等。

基于第三方的盈利模式优化，具体操作如图 4-10 所示。

| 收入来源<br>成本承担 | 直接顾客<br>买单 | 直接顾客 + 第三方<br>买单 | 第三方<br>买单 |
|---|---|---|---|
| 企业承担 | PM1 | PM2 | PM3 |
| 企业 + 第三方分担 | PM4 | PM5 | PM6 |
| 第三方承担 | PM7 | PM8 | PM9 |
| 零可变成本 | PM10 | PM11 | PM12 |

图 4-10　基于第三方的盈利模式优化

如图 4-10 所示，企业的收入有三种来源：直接顾客买单、直接顾客 + 第三方买单、第三方买单。成本承担有四种方式：企业承担、企业 + 第三方分担、第三方承担，零可变成本（软件、网媒等产品的复制成本几乎为零）。盈利模式优化，就是从最初的 PM1（直接顾客买单，企业承担成本）开始，思考和探索从第三方获取收入的可能性，思考和探索向第三方转嫁成本的可能性，穷尽一切可能，看最后能够争取到一个怎样的结果。

快递文件袋的使用者，主要是商务人士和职业白领，这些人恰好也是许多产品极力想"打入"而不得其门的黄金客户群体。

过去，快递文件袋的成本，按照常理，是由快递企业自己承担的。2007 年，笔者在某快递企业任职时，要求每年对商业"常理"进行反思和挑战，进而发现了文件袋的新玩法：将文件袋的空白处作为广告载体，由相关企业承担材料和印刷费用，并按文件袋的使用数量支付广告费，从而将成本向第三方转嫁，同时还开辟了新的收入来源（图 4-11）。

图 4-11　向第三方转嫁成本，从第三方获取收入

要说明的是，基于第三方的盈利模式优化，仅仅是优化而已。具备条件可以优化，没有条件不能胡来。如果一开始就将"羊毛出在猪身上"作为盈利模式设计的出发点，只会一叶障目，误入歧途。

## 4.4　设计案例解密：从盈利模式到机制主体

研究商业模式和盈利模式，要弄清楚企业的生产力是什么，企业的生产力主体是"谁"，机制设计应当以"谁"为中心去展开。

深圳市洁达科技公司（应企业要求，这里采用化名，以下简称洁达科技）是纺织面料干洗剂生产领域的领军企业。其产品主要用于纺织厂、服装厂，以去除面料生产和加工过程中偶尔沾染上的污渍，个人客户的数量并不多，产品主要通过一些专门销售服装附属品、辅料的夫妻店代为分销（图 4-12）。

图 4-12　洁达科技所处价值链及其商业模式

2008年，公司销售额为3亿元，市场份额为70%，老板认为自己在行业市场已经做到头了，于是向多元化转型，依托公司强大的分销渠道，将蒸汽熨斗、染料、助剂等也卖给最终用户。如此忙活了十多年，公司形成了行业内最大的多元化产品分销-物流-配送-售后服务网络，在纺织、服装行业集中的15个省市设有分公司，辐射6 000多家夫妻店（分销商），销售品种上百个。可尽管如此，年销售额还是在3亿元上下徘徊。

当然，整个行业的状况也并不是很好。一个总产值不到5亿元的细分行业挤进来100多家企业，每家企业的营销、销售、配送和售后服务能力，相对于需求都是过剩的，都是规模不经济的。企业大部分的投入，只是用来对抗竞争对手，再加上客户遍布全国，购买频次和数量都不大，交易成本极高，行业"小、散、乱、差"，每家企业都有自己的生存诀窍和生存空间，虽然彼此竞争激烈，拼命向下游压库和赊销，但终究谁也挤不死谁。

这种情况具有普遍性。中国许多制造行业，有着"细"到极致也"碎"到极致的专业化分工，譬如小小的一次性打火机，就被分解到28个零件厂生产，行业细分到如此程度，企业内部生产效率确实高，但外部交易成本也畸高。在这种场景下，竞争已经不能推动效率提升，并购又不如新建快，最终必然形成"小、散、乱、差"的行业格局。行业如此，行业内的企业要想改变自身境况，就得跳出竞争或垄断的狭隘思维，走向行业生态建设，重塑"和合共生"的新格局。

显然，要想做到这一点，只有由占据行业半壁江山的洁达科技牵头才有可能。同时，要想让行业内的其他企业积极参与进来，洁达科技就得将其最具优势的资源"贡献"出来，这些资源包括6 000多家分销商、覆盖15个省市的物流配送体系和售后服务网络、危化品运输资质等。

综合以上分析，再考虑几乎所有的服装附属品、辅料行业都是"小、散、乱、差"的状况，我们跳出单一企业的狭隘视角，上升到行业层面展开生态设计，为洁达科技设计了全新的商业模式——基于"和合"理念的服装附属产业互联网＋供应链＋分销网络的平台模式。

（1）拉上服装附属产业的前几家巨头，共同组建本行业的网络平台，洁达科技占30%股权，其他各家占30%，剩下40%的股权留给平台上积极参与的供应厂家、分销商（夫妻店），股权用积分兑换。

（2）洁达科技将自身6 000多家分销商资源，拿出来与平台上的供应厂家共享，即开发行业进销存App。将这款App免费提供给夫妻店使用，一方面，帮他们实现经营管理数字化转型；另一方面，帮他们接入行业网络平台。

（3）洁达科技将自身15家省级分公司，改制为独立法人的区域集配中心，拿出来共享，为平台上的供应厂家、分销商等，提供分销执行、采购执行、物流配送、代收货款、售后服务等各种线下服务。

（4）洁达科技将自身与金融机构的良好合作关系拿出来共享，譬如与商业银行发行联名信用卡，为平台上的夫妻店提供资金周转，夫妻店在信用卡额度内进行采购，自行还款。由于信用卡有2个月的免息期，融资成本低，资金流顺畅，平台和供应厂家自然跟着受益。

图4-13是洁达科技基于"和合"理念的服装附属产业互联网＋供应链＋分销网络平台模式。

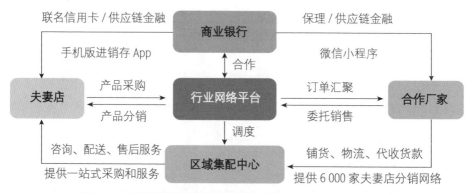

图4-13　服装附属产业互联网＋供应链＋分销网络平台模式

洁达科技拥有的市场能力，如果用于市场竞争中，永远都是不够的，但用于和合共生，则收获会远远超过自身所需。洁达科技将自身过剩的市场分销和服务能力拿出来与行业中的其他企业共享，既能在更大的范围内创造价值，并以此换得行业网络平台的相应股权和主导权，又能大幅度减少自身负担，"利他"就"利己"。

新的商业模式，面对"小、散、乱、差"的行业生态格局，通过行业整合与运营集成，来解决行业过于碎化、交易成本过高的问题。

（1）订单集成：成千上万的夫妻店通过行业进销存App下单，订单汇聚之后，流向平台上的供应厂家，实现批量化、规模化对接；

（2）分销集成：各个厂家通过平台上的夫妻店快速分销铺货；

（3）物流集成：物流、配送、售后由区域集配中心统一负责；

（4）金融集成：联手金融机构，为各方提供供应链金融服务。

平台的价值，取决于交易的活跃度。那么，如何激发上下游的供应厂家、夫妻店等踊跃加入并积极交易呢？很简单，积分换股权。

平台拿出40%的股权，交给信托公司代持，由其为平台上的合作厂家、夫妻店及管理团队提供股权兑换服务，兑换规则如下：平台上每100元交易额，无论买还是卖，均可获得1个积分。每积满100分，即可行权，兑换平台股权，第一季度，1分+1元换1股；第二季度，2分+2元换1股……随着时间的推移，市盈率越来越高，见表4-2。

表4-2 积分换股权

| 时间节点 | 换股比例 |
| --- | --- |
| 第一季度 | 1分+1元，换1股 |
| 第二季度 | 2分+2元，换1股 |

续表

| 时间节点 | 换股比例 |
|---|---|
| 第三季度 | 3分+3元,换1股 |
| …… | …… |
| 第二年第二季度 | 10分+10元,换1股 |

平台的盈利模式,是"卖服务",为平台上的厂家和经销商提供信息服务、分销服务、供应链服务、融资服务等,并收取相应的费用。那么在此模式中,谁是生产力主体,利益应如何内嵌,机制应如何设计?

由分公司改制而来的区域集配中心,承担着各项线下服务(图4-14)。其按照平台部署,发展夫妻店和厂家入网,为夫妻店提供采购执行,为厂家提供分销执行,开展代收货款、供应链金融等增值服务。由此可见,区域集配中心,是企业收入来源的生产力主体,是机制设计的主体。

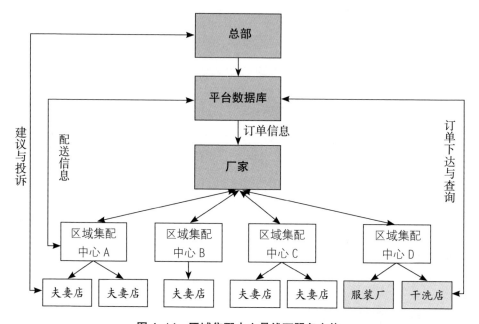

图4-14 区域集配中心是线下服务主体

整个平台最终也可以上市,对区域集配中心团队可以采取股权激励的方式,来满足其预期,而现实股权激励的具体方式,则是利润分红换股。但我们发现:采用利润分红换股方式,企业业绩越好,利润越高,股份估值越高,市盈率就越高,股价就越高,利润分红换得的股数反而变少。这种换股方式实际上对区域集配中心团队没有任何的激励作用。怎么办?

为了达到激励效果,只能与市场估值反着来,即人为规定:业绩越好,换股的市盈率就越低,分红换得的集配中心股数就越多,这便是"反向动态市盈率激励机制",具体见表4-3。

表4-3 区域集配中心反向动态市盈率激励机制

| 当年新增营业额 | 反向动态市盈率 | 股权兑换比例 |
| --- | --- | --- |
| 8 000万元以上 | 1倍市盈率 | 1×激励股权池剩余比例 |
| 6 000万~8 000万元 | 2倍市盈率 | 1/2×激励股权池剩余比例 |
| 4 000万~6 000万元 | 3倍市盈率 | 1/3×激励股权池剩余比例 |
| 3 000万~4 000万元 | 4倍市盈率 | 1/4×激励股权池剩余比例 |
| 2 000万~3 000万元 | 5倍市盈率 | 1/5×激励股权池剩余比例 |
| 1 500万~2 000万元 | 6倍市盈率 | 1/6×激励股权池剩余比例 |
| 1 000万~1 500万元 | 7倍市盈率 | 1/7×激励股权池剩余比例 |
| 500万~1 000万元 | 8倍市盈率 | 1/8×激励股权池剩余比例 |

以某区域集配中心团队为例,假定激励股权为20%,第一年新增营业额3 200万元,股权兑换比例为1/4,团队可以换走5%的股权。那用什么价格换呢?假定当年集配中心的利润为50万元,则团队换购价格为50×4×5%=10(万元)。

第二年,激励股权池里还剩下15%,新增营业额6 200万元,股权兑换比例为1/2,团队可以换走7.5%的股权。假定当年集配中心的利润还是50万元,则团队换购价格为50×2×7.5%=7.5(万元)。

业绩指标完成得越好,换股股价就越低,真正起到了激励作用。

第 5 章

# 实战机制设计（二）：主体归位

CHAPTER 05

聚焦盈利，是要确定企业的生产力；主体归位，则是要确定企业内部生产力的组织形式，即在企业中，创造收入和利润的生产力主体应当采用何种组织形式——个人、团队、部门还是事业部……

不同的企业，生产力的组织形式是不同的，但有一点是明确的，为了最大限度地解放生产力、激发生产力，企业内部的生产力主体，只要条件允许，能够采用自运行方式的，就应当放手让其自我运行。所有外部强加的考核、奖惩或激励，都不如员工"为自己奋斗"来得更有效，都不如员工"将命运掌握在自己的手上"来得更可靠。

自运行，意味着生产力主体具有相当的独立性、自主性、能动性以及创造性。这种高度自主的主体形式，在企业内部，曾以四种形式出现：计件制、承包制、内部合伙制和内部市场化，如图5-1所示。

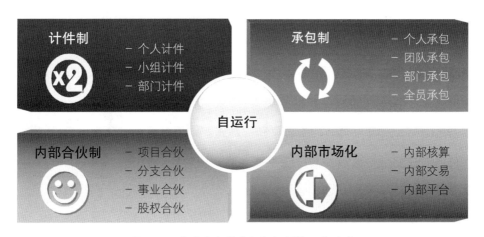

图5-1　生产力主体自运行机制的四种形式

计件制，是工业化早期流行的一种员工自运行方式。"科学管理之父"弗里德里克·温斯洛·泰勒最得意的发明便是"差别计件制"。但此后，不断复杂化的现代化大生产，使"不上档次"的计件制慢慢淡出了管理学的研究范围。近年来，随着管理机制设计学的创立及其对计件制的升级改造，计件制又焕发了新的活力，以新的面目归来，滚存计件制、五项联动计件制等都是其新形式。

承包制，是我国改革开放后一度十分流行的自运行方式，但实践证明承包制的弊端很多。其弊端一是助长短视行为，只顾眼前，不顾长远；二是助长山头主义，只顾自己，不顾整体，所以一段时间后承包制也慢慢式微了。

内部合伙制，是指员工与企业之间，从过去的雇佣关系，转变为合伙关系，从过去的"员工拿固定"，转变为"员工分剩余"，利益分享，风险共担。这是新时代下发展出的新的生产关系。内部合伙制不同于外部合伙制，一般不上升到股东层面，不涉及股权的变化。

内部市场化，比内部合伙制更进一步，从"员工分剩余"增强为"员工争剩余"。其通过模拟市场化的竞争和博弈，让员工在相互对抗中实现利益提升。内部市场化的好处是能够将外部压力向内转嫁，激发员工活力，降低企业成本，但同时也不可避免地会带来统计核算繁琐、交易成本过高、短视行为盛行等弊端。此外，内部市场化必然要求利益冲突，必然要求核算数字化、精细化，这些都与"和谐""差不多"的国人性格相悖，而悖逆人性的管理是走不远的。江山易改，禀性难移，管理机制应当根据国人的性格特点顺势而为，量身定制。

综上，对于我国多数企业，要从传统的"雇佣＋管控"模式走向"合伙＋自控"模式，相对平和的"内部合伙制"可能是符合国情的适宜选择。接下来，我们将介绍几个由我们设计的"内部合伙制"案例。

## 5.1 设计室合伙制

合伙制并非一定要在公司股东层面上进行,在团队、班组、科室、部门等各个层面上,也可以重构组织形态和运行机制,将传统的管理模式转化为合伙模式。这里面有三个关键点:一是从生产力入手;二是赋予合伙人自运行的权限,三是给予合伙人的是分成而非奖惩。

设计师,是许多家装公司的核心生产力。这是因为,能不能理解客户的生活方式,给出打动客户的方案并最终拿到工程,都取决于设计师。

深圳海美装饰工程公司(应企业要求,这里采用化名,以下简称海美装饰)拥有众多设计人员,包括绘图员、初级设计师、中级设计师、高级设计师。以往海美装饰采用的是"底薪+工程提成"的传统薪酬,问题很多,设计人员间的矛盾很大。譬如,业务人员辛辛苦苦接来的单,设计人员却挑肥拣瘦,设计简单但工程总价高的项目设计人员就一拥而上,设计繁复但总价低的项目,则一哄而散,任务分配还得领导出面去做思想工作;再譬如,设计进度大多一拖再拖,逼得后期施工只能赶进度,抢工期;而像考勤打卡、资料归档、带实习生等日常的工作要求,设计人员从来就没有做到位过。

显然,解决问题的根本方法不在于转变员工思想,而在于转变员工角色。如果让他们从"给公司干"变成"给自己干",则设计人员将无需激励,不待扬鞭自奋蹄。那么,构造怎样的自运行主体,才能让设计人员做到自组织、自激励?

根据企业的实际情况,我们设计并实行了"设计室合伙制",具体如下:

(1)由高级设计师牵头,联合若干设计师和绘图员,成立以自己名字命名的设计室,譬如"海美装饰张××设计室",这个名称会出现在员工的名片、设计图、效果图、施工铭牌等所有对外展示和公关的场合，这对于当事人，既是一种宣传，也是一种激励，更是一种约束；

（2）人员的考勤和日常管理等，由设计师负责；

（3）设计师每月预发保障月薪，晋级自动涨薪；

（4）设计室实行项目分成制，奖金总额为项目分成 – 之前已经发放的保障月薪总额，即在项目分成中将先前预发的工资扣回来；

（5）新员工前六个月的保障月薪由公司承担，不从设计室项目分成中扣除，以鼓励设计室多带新人；

（6）如果设计室六个月的项目分成不能覆盖保障月薪总额，即奖金总额为负，则解散设计室，人员由其他设计室择优录用。

合伙制的基本要求是利益共享，风险共担，但大多数员工受制于自身经济条件，只能共享利益，无法共担风险。"三年不开张，开张吃三年"，对企业可以，对员工不行，这也是很多企业想搞合伙制却搞不下去的原因。而采用预付工资制，提供保障月薪，然后再从分成中扣除，便将这一难题解决了。

薪酬制向合伙制的转换中，"设计室合伙制"是最简单的一个。其只是从"保障月薪＋提成"的加法，变成"分成 – 已发放的保障月薪"的减法，但员工与企业的关系发生了本质的变化。从此以后，员工不是在给企业打工，而是在为自己奋斗，心态完全不一样了。

## 5.2　项目合伙制

合伙制要求利益共享，风险共担，双方的利益紧密联系在一起。那么应该拿多少利益出来，才能留得住员工？拿少了，留不住；拿多了，老板心疼。这也是很多企业想搞合伙制却搞不下去的另一个原因。

广东绿建集团（应企业要求，这里采用化名），置身竞争激烈的建筑市场，企业盈利的关键在于成本管控。但在过去，管理人员大多是领取固定月薪的职业经理人，对施工过程中的材料浪费、工期拖延、质量不达标等问题带来的利润流失，没有锥心之痛，甚至视若无睹。

公司也曾制订一大堆的管理规范和标准。但有了规范和标准，还得员工把"心"放进去。如果没用"心"执行，再多的规范和标准，也不过是写在纸上、挂在墙上的"死"的文字而已。

公司也曾尝试"工资与效益挂钩"的老套路，拿出一小部分项目收益（譬如10%）分给员工，以期使员工切实负起责任来。但在互联网时代，信息非常透明，一个项目能挣多少钱早已是公开的秘密，给员工10%的提成，却要员工付出100%的努力，承担100%的责任，谁都不是傻子，这种小伎俩、小手腕，还能走多远？即使这种方法仍有一定的效果，但随着企业盈利信息日益透明化，只怕未来将越来越难以调动员工的积极性，这也是薪酬机制设计越来越困难的一个原因。

然而，将项目的盈利全都给员工，也不现实，怎么办？

2011年，根据企业的实际情况，我们设计并实行了"项目合伙制"，具体如下：

（1）按照每个项目投资总额及盈利情况，向项目主管、项目组成员、管理层、其他员工开放5%~50%的项目跟投比例，具体见表5-1。

表 5-1 项目合伙制中的跟投比例

| 项目跟投比例 | 跟投主体 | 占比 | 个人跟投配额 | 最低与最高要求 |
| --- | --- | --- | --- | --- |
| 视投资总额和盈利预期等，跟投5%~50% | 项目小组 | 60% | 项目主管：5<br>施工员：2<br>资料员：1<br>安全员：1<br>材料员：1 | 最低为配额的50%<br>最高为配额的200% |
| 视投资总额和盈利预期等，跟投5%~50% | 公司管理层 | 20% | 主管领导：5<br>工程部经理：2<br>预算部经理：1<br>财务部经理：1<br>行政部经理：1 | 最低为配额的50%<br>最高为配额的200% |
|  | 其他员工 | 20% | 无 | 无最低跟投要求 |

当事人跟投比例为自身配额的50%~200%，在此范围内自行选择。之所以让不相干的其他员工介入进来，是让他们自动起到监督的作用。

（2）跟投既可以以自筹资金出资，也可以以每月工资预留。

（3）跟投资金经过公司内部路演认投后，进入项目。

（4）为了加强激励的效果，施工期间每月核算分红，但本金需等竣工之后才能分三个阶段返还，即竣工验收部分返本、决算收款部分返本、保证金回收全部返本。

之所以先分红后返本，是因为在人们的思维里，无论赚多赚少，本金都是要回来的，而在回本之前，则需要继续努力。这样一来，即使提成比例不高，项目团队出于本心，也会自动自发地抓好项目管理。

"无利益，无管理"。过去在项目上出问题，因为没有利益抓手，当事人撒手走人，企业拿他也没辙，如今有了跟投，管理上就好办了。

如果员工违反公司规定，给项目造成重大损失，则人事上辞退，投资上强制退出，投资本金用于赔偿公司损失。如果还有剩余，年底退还本人；如若不足，则按公司规定继续追究其经济责任。

如果员工主动离职，保留其在项目上的投资权益，待项目结束后统一清算发放，也可以向公司内部员工转让，或者由公司赎回。赎回价格视当时项目进度，一般为初始投资额的 100%～150%。

"项目合伙制"，如今也被通俗地称为"项目跟投制"，成为许多房地产开发企业在管理机制上的标配。

## 5.3 内部代理制

实行内部合伙制的企业，内有合伙，外有合作，平衡不好，就会弊端丛生，这也是很多企业想搞合伙制却不敢搞的原因之一。

东莞市宏翔木业公司（应企业要求，这里采用化名）自建工厂，生产自有品牌的强化木地板和多层实木地板，并与众多的国内房地产企业开发商合作，专门承接批量精装修商品房中的木地板工程。

公司的业务经理都是老板一手带出来的，从接洽房地产商到项目竣工验收，全程负责。但随着工龄增长，底薪越来越高，提成不断加码，业务经理却因为始终是在打工，越来越没有成就感，越来越提不起精神，由此带来的施工规范问题、工程质量问题、客户服务态度问题、"飞单"（将订单转给业内的其他企业）问题、"转单"（将订单转给公司的代理商）问题等越来越突出。

尤其是"转单"问题，因为过程一般比较隐秘，许多企业都存在这种现象。一般来说，企业会同时采用两种销售方式：通过业务员销售和通过代理商销售，前者给业务员提成,后者给代理商折扣。由于折扣比例远大于提成,一些业务员便将自己的销售谎报为代理商的,再和代理商分成。

然而,对"转单"行为严厉查处,只会徒增劳碌,而且治标不治本,要想从源头上解决问题,就得消除寻租空间和套利机会。如果能设计一套机制,将公司变为平台,将业务经理变为合伙人、代理商,实现共赢共担,问题将迎刃而解。据此,我们提出了"内部代理制",具体如下。

(1)鼓励优秀的业务经理申请成为内部代理商,享受公司外部代理商同样的产品进价和折扣,但不享受返点;

(2)内部代理商在公司平台上,从谈单到项目竣工验收,全程负责项目的始末,公司则从管控模式转向监控模式,无异常不介入;

(3)员工资金有限,公司提供内部信用贷款,内部代理商缴纳保证金,公司按5倍进行授信,授信利率为月息1%,譬如缴纳10万元保证金,公司授信50万元,内部代理商就可以在50万元的范围内,与客户洽谈业务、签订合同、安排发货、组织施工和验收;

(4)由于员工不是独立法人,所以,与房地产商的项目合同与款项由公司代为保管,项目结束之后进行利润结算;

(5)公司与内部代理商的利益安排如下:

授信额度=保证金×5(随项目完成情况动态浮动)

代理商利润=工程回款-出货价-授信费用=工程差价-授信费用

公司利润=出货价-生产总成本+授信费用=产品差价+授信费用

内部代理制的操作流程如图5-2所示。

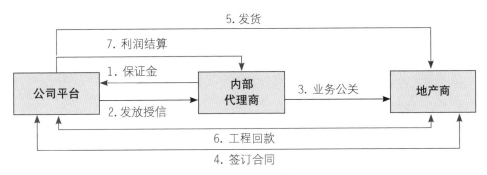

图 5-2 内部代理制的操作流程

读者朋友不难发现,企业的盈利模式实际上发生了重大改变。

有读者会担心,内部代理商的翅膀长硬了,飞走了怎么办?内部代理商相比于外部代理商,少了销售返点,但多了资金支持,并免受市场交易风险和交易成本之苦,只要参数设制得当,他们是不会飞走的。

还有读者担心,业务经理进化为内部代理商,一个、两个可以,多了怎么办,公司哪儿有那么多的钱用于授信?很简单,由于木地板从工厂到工程,全程是封闭的,地板不可能跑到别的地方去,这样一来,便可与商业银行合作,即公司利用保证金采购原材料,再通过仓单质押或封闭授信等方式获得银行贷款,源源不断地给内部代理商提供授信支持,从而形成资金循环。由于商业银行的贷款利率比公司内部的授信利率低,公司的资金循环是良性的、可持续的,见图 5-3。

图 5-3 内部代理制的供应链金融循环

从内部代理制的设计可以看出，对于员工来说，钱多钱少实际上是第二位的，只要是"为自己奋斗"，员工也能像企业家一样打拼。

## 5.4 族群合伙制

实行内部合伙制的企业，合伙人通常来自一线，因而内部合伙制外在的表象，就是组织去层级化、扁平化。但在特定的情形下，内部合伙人也可以设置为多个层级，以达到特定的设计目的。

美容专业线，是指美容行业"厂家—代理商—美容院"分销渠道。产品销售以美容院为对象，代理商的市场人员需要做大量细致琐碎的工作，如开发美容院、产品植入、运营协调、关系维护、定期回访等。当开发的美容院数量达到一定规模时，市场人员便分身乏术，只能忙于维护老客户，既没时间也没动力去拓展新店或者培养新人，怎么办？

广州丽白美容机构（应企业要求，这里采用化名）就被这一问题长期困扰。全国有数百万家美容院，公司覆盖的只有800家，问题是，前年800家、去年800家，今年还是800家。

根据企业的实际情况，我们设计并实行了"族群合伙制"，具体如下：

（1）公司内部设立族群，市场人员可以申请成为族群合伙人，标准配置为一个合伙人带三个员工（美导＋技师＋助理），成员数量可根据具体情况灵活调整。合伙人有招聘权，人员的审核把关权在人力资源部。

（2）公司为每个族群设立分账户，每季度按照业绩注入基金。族群合伙人在遵守财务规定的前提下可以自主支配和使用基金，具体包括营销费用、公关费用、人员工资等，基金注入比例详见表5-2。

表 5-2　族群合伙制中的基金注入比例

| 季度业绩（万元） | 族群基金注入比例 |
| --- | --- |
| 800 以上 | 16% |
| 600 ~ 800 | 15% |
| 400 ~ 600 | 14% |
| 300 ~ 400 | 13% |
| 200 ~ 300 | 12% |
| 150 ~ 200 | 11% |
| 100 ~ 150 | 10% |
| 0 ~ 100 | 8% |

（3）族群基金每季度清算一次，扣除相应费用后，若基金为正，盈余留 20% 滚存到下季度，其余 80% 用于分配，族群合伙人占一半，员工们占一半，双方另有约定的除外；若基金为负，则用滚存补亏。

譬如，东方不败族群第二季度的业绩是 160 万元，对应的基金比例是 11%，对应的基金额是 17.6 万元，扣除期间全部费用 9.6 万元，盈余为 8 万元，假设上个季度有 1 万元留存，加在一起就是 9 万元，留 20% 滚存到下个季度，还剩 7.2 万元，合伙人占一半，员工占一半，不管有多少员工。

（4）族群中的优秀员工，可以申请组建下级族群，而下级族群也可以申请组建下下级族群，依此类推，形成层层迭代的体系，具体体系及分配见图 5-4。

"华东战区"自己不做业绩，如果下面只有一个族群，本季度做了 400 万元的业绩，则族群可以获得 400×14%=56 万元的基金，华东战区分文不得；但如果是由三个族群共同完成的，华东战区就有差额可以"吃"了，在这个例子中，华东战区获得了 13.6 万元的差额。

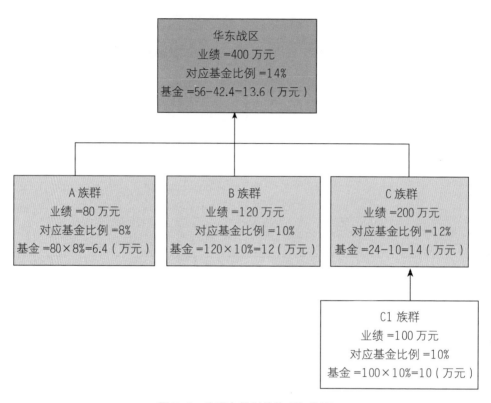

图 5-4　族群合伙制的体系与分配

很显然,战区要想获得高收益,一要大力发展下级族群,不能仅倚靠一个族群;二要帮助下级族群做大业绩,帮助下级族群发展下下级族群。族群要想获得高收益,一要吸引优秀人才加入,做大自营业绩;二要推动族群内的优秀成员牵头发展下级族群。无论战区还是族群,都会拼命地复制和扩张下级族群,市场人员也就自然而然地往下沉、往下扎,分枝散叶。通过这种方式,企业的族群很快就扎到了市场底部,从华东战区、江苏族群、南京族群、建邺区族群一直扎到莫愁湖族群。

有的读者会质疑,这看起来怎么有些像传销?传销,可谓是"过街老鼠",生命力却极顽强,屡禁不止。由于传销组织采用"金字塔式计酬"方式,上线不仅能从下线身上赚取收入，还能从下线的下线身上分一杯羹，所以加入传销的人就像打了鸡血针，层层发展下线，以实现发财的梦想。

族群合伙制，便是将这一机制化毒为药，恶为善用，用在了企业内部员工身上，以达到市场下沉的目的。传销祸害社会普罗大众，但经过"解毒"后，变成企业内部正式员工的激励机制，则是合理的。实际上，在中医大师的眼里，药即是毒，毒即是药，就看你怎么用。

## 5.5 柔性合伙制

"大企业病"产生的真正原因，不是企业资产规模大、人员数量多，而是因为分工多、专业多，混编合成难度大。

大型企业和集团，就像军队里的集团军，其将步兵、工兵、装甲兵、炮兵、陆航兵、防化兵、通信兵、电子对抗兵等诸兵种混编在一起，兵种越多，战斗力越强，所需要的统筹和协调能力也就越高，相应的统筹和协调部门也就越多，而这很容易导致企业患上"大企业病"：机构臃肿，层级繁多，决策效率低下，官僚主义严重，一线员工的主动性、创造性无法得到发挥，企业缺少活力和创新，发展止步不前。

许多大企业也曾尝试一些解决方法，譬如推行事业部制，但事业部就是缩小版的大企业，仅能缓解症状，但治标不治本。事实证明，组织扁平化、压缩管理层级、简化决策程序、打造学习型高管团队，都只是在上层建筑层面绕来绕去，一段时间后"大企业病"还是会复发。要想彻底根治，就得下沉到一线的生产力层面，赋予生产力主体"自运行"的特性。如此这般，不需要庞大的统筹和协调部门，企业也能自动运行，自然能够远离"大企业病"。

事实上，军队也在朝着这一方向变革，采用作战编成单位或者说多兵种合成单元的方式，将集团军缩小为混成旅、合成营、特战分队。

新材料，是发展最迅速、最有活力的产业之一。生产一部手机所用到的材料，从塑胶到金属，从碳纤维到钢化玻璃，可以达到数百种。深圳精益股份公司（应企业要求，这里采用化名，以下简称精益股份），作为一家大型的供应链服务商，专门为手机厂商提供材料方面的整体解决方案。

精益股份销售的专业性极强，因此，公司组建了十多个事业部，每个事业部各负责一类材料，譬如PC塑料事业部、铝合金事业部、尼龙事业部、碳纤维事业部、康宁玻璃事业部等。

即使分工如此之细，在与手机厂商的对接洽谈时，除了事业部的专业销售人员外，还是需要各种专家支持。材料研究中心要派出材料专家，为客户提供新材料的选型建议；工艺开发中心要派出工艺专家，为客户提供新材料加工的工艺和技术建议；供应链中心要派出供应链专家，为客户提供物流和库存的建议⋯⋯这些专家需要全程参与，深度配合，如果将他们放在事业部外面，则专家与销售工作默契程度低，协作速度慢，特别耽误事；而放在事业部里面，工作量又不饱和，怎么办？

精益股份的事业部也曾试过"阿米巴"管理模式，但"阿米巴"模式天然存在统计繁琐、核算复杂、信息搜集成本高等缺陷。这些缺陷会导致部门之间讨价还价，相互博弈，徒增内部交易成本，而问题也未必能得到解决。显然，现有"阿米巴"模式需要根据企业实际情况进行改造，化繁为简，以简驭繁，怎么改？

另一方面，手机行业迭代飞快，新材料要求日新月异，精益股份要打造小灵快的供应链服务体系，就要将以产品为中心的事业部模式，改为以客户为中心的服务团队模式，譬如三星Galaxy手机服务团队、努比亚红魔手机服务团队等。显然，对精益股份来说，服务团队就是生产力主体，可具体应该如何组建服务团队呢？

根据企业的实际情况，我们设计并实行了柔性合伙制，具体如下：

（1）构造销售人员主导、专业技术人员参与的营销战队，如图5-5所示。战队包括营销中心派出的战队经理和业务助理、材料研究中心派出的材料专家、工艺开发中心派出的工艺专家、供应链中心派出的供应链专家，以客户需求为导向，对人员进行组合，既有一定弹性又相对固定。营销战队同时也是服务客户的服务团队。

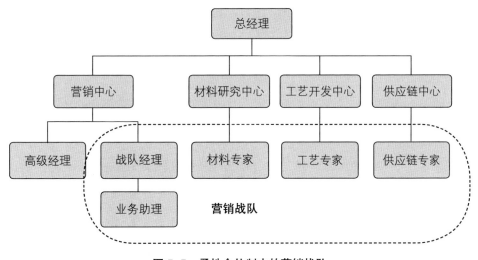

图 5-5　柔性合伙制中的营销战队

（2）营销战队的日常管理由战队经理负责，专家既可以只在一个战队，也可以同时在多个战队，业务助理满一年后可以申请组建新的战队。

（3）"公司管总、战队主战、部门主建"，公司主抓战略方向，战队专司主营作战，各专业部门负责专业人员的选拔和培养，为战队提供合格的专业人员和专业支持。

（4）"部门管工资，战队管奖金"，战队成员由协商组合而成，在项目过程中不得更换，奖金＝销售毛利×36%－成员工资－业务费用，由战队经理分配，但工资、晋级、人事关系仍归所属专业部门管理。

（5）"短路对接机制"，营销战队在业务拓展过程中涉及的技术、供应链等难题，由战队专业人员直接对接所属专业部门解决。

## 5.6 股东分营制

一般来说，采用内部合伙制的设计，很少会动用股权手段，因为股权激励是最高等级的激励，不应轻易动用。一旦股权激励不奏效，很难再有回旋的余地。当然，如果出现了这样的局面，也是有办法解决的。

广西百色鸣凤山庄（应企业要求，这里采用化名，以下简称鸣凤山庄）围绕核心景区，搭建起集景点、旅行社、导游、酒店、餐饮、商业、疗养、娱乐、演艺等于一体的旅游全产业链，各个业务板块之间共享客源，共享资料，紧密关联，所以需要紧密协同。

2015年，鸣凤山庄推行了管理层股权激励计划，20名高管共持有公司40%的股份。公司本意是想与员工利益捆绑，共同奋斗，大家变成一家人。可实施结果却令人很尴尬：股东贪腐更加便利，动点歪心思截留收入、虚列支出，好处就是100%，而规范操作，股权分红却只有2%。更恶劣的是，少数业务板块的负责人故意做亏，公司被迫甩卖之后，他们便安排"白手套"在外面接盘，而这些业务一到外面，立刻从亏损变成盈利。

显然，股权激励并没有起到作用，大股东的一番好意都打了水漂。然而，公司的经营战略是围绕核心景区打造旅游全产业链，如果实行承包制，既会助长短视行为，也不利于业务协同，怎么办？

根据鸣凤山庄的现实状况,我们设计并实行了"股东分营制",具体如下:

(1)公司划分若干利润单元(图 5-6),管理层股东根据自身的经营特长竞标不同单元的经营权,分享该单元 10%~60% 的利润,但绝对值小于其在公司 2% 的股东分红,从而保证其在经营过程中能够自动自发地配合公司战略和业务协同。

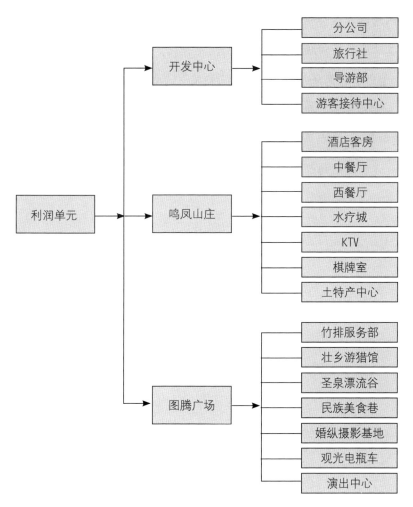

图 5-6 股东分营制中的利润单元划分

譬如，竹排服务部经理，在公司拥有2%的股份，在竹排服务部分享20%的利润，竹排服务部当年盈利100万元，他可分得20万元，但公司当年分红1 500万元，他可从中分得30万元。也就是说，他在竹排服务部所分得的利润，小于他在公司层面获得的分红。

（2）如果分营股东在利润单元中分得的红利，连续两年超过其在公司的分红，则增加其在公司的股份；反之，如果利润单元亏损，则用其在公司的分红弥补其所承担的亏损责任额，连续两年如此，则降低其在公司的股份。

（3）为了避免分营股东"一切向钱看"，降低游客的满意度和公司口碑，还要引入倒扣分制。每个分营股东每年总分100分，总部设立扣分标准，外部游客、内部员工、其他单元每投诉一次，视情节轻重扣罚一定分数，当分值为0时，则取消该分营股东的经营权，重新竞标。

第 6 章

# 实战机制设计（三）：利益内嵌

要让机制"动"起来，一要主体归位，二要利益内嵌。主体归位是明确"谁来做"，利益内嵌是促使"我要做"。简单地说，每一项职责，都要有具体的人（群）来负责；而职责履行的好坏，则会直接关系到责任者的切身利益。主体归位和利益内嵌是互为保障的，主体不明确，则"责任者缺位"，利益不内嵌，则"庙穷方丈富"。

"利益内嵌"说起来简单，但在设计实战中仍有三点需要注意。

首先，嵌入的不是既有利益，而是预期利益。人们的利益追求，追求的实际上不是既有利益，而是既有利益的增加，是利益预期。

其次，嵌入的利益应能精准地满足"需求"。人们需要什么，才嵌入什么，而不是胡乱地"激励""奖励"或"赏罚"。

再次，利益是多种多样的。纵然是商业社会最关注的经济利益，也是由物质、能量、信息、知识、精神文化、人力资源、经济权利、金融八类原生和衍生经济资源组成的[①]。既然利益存在多种类型，利益追求就不能狭隘地理解为物质财富或其货币形式，而应是包含信息、知识、精神文化等在内的广阔空间。书香门第积蓄知识，积善人家顾念和谐，利欲熏心之徒只重财货，开明大义之士兼恤人力……因此，人们的利益追求实际上是一个多元的、多层次的目标集合。

在商业社会中，商品化、货币化的洪流横扫社会各个领域。商品经济的伟大贡献，便是将人世间一切美好或龌龊的事物都尽可能地商品化、货币化了，同时也将人们物质或精神上的追求都尽可能地简明化、单一化了。人们或心甘情愿地，或身不由己地，

---

① 戴天宇. 商业模式的全新设计[M]. 北京：北京大学出版社，2017: 133-134.

被蒙上了眼睛，围着"金钱磨盘"转圈圈。是以在商业社会中，人们的利益追求，可分为货币化追求和非货币化追求，其中，货币化追求又分为资金和资本两个维度。人是社会化的动物，非货币化追求又分为社群维度和其他维度。图6-1是机制主体利益诉求的类型。利益内嵌，实际上就是在图6-1中，四个维度的选项中抽取若干进行排列组合。

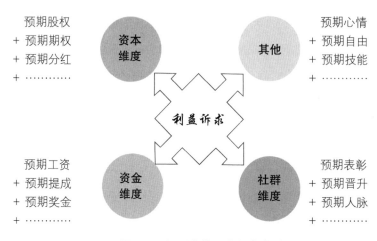

图6-1　机制主体利益诉求类型

"主体归位、利益内嵌"，简单而又朴实，虽然朴实的东西往往为人们所轻视，但越朴实的东西就越有力量。许多令企业颇为头疼的销售人员激励机制问题，遵循这条朴实的原则，就可以轻而易举地解决。

## 6.1　薪酬套餐制

销售人员的固定收益（底薪）和浮动收益（提成），该怎么搭配？

"低底薪＋高提成"是老板欢迎的常见组合，便于企业控制成本，同时还能极大地激发销售人员的积极性，但缺点也很明显，新人难招，员工忠诚度低、流失率高。"高底薪＋低提成"则会出现养着人不出活的情况。"中等底薪＋

中等提成",说好听些是中庸之道,说难听些是"高不成,低不就"。三种薪酬组合各有利弊,该怎么办?

另一方面,不同的员工希望的薪酬组合是不同的。"高底薪+低提成",对于既没有什么客户资源也没有什么经济基础的新员工是合适的,这令他们可以有一段成长时间,但会让老员工觉得,没有劲头开拓新市场。"低底薪+高提成",老员工能接受,但会让新员工缺乏安全感。任何一种单一的薪酬组合,都会遇到众口难调的问题,怎么办?

很简单,三种薪酬组合都供应,"自助餐",员工爱"吃"哪个就选哪个。

桂花香食品公司(应企业要求,这里采用化名,以下简称桂花香)的产品,主要销售给本地副食品商店和小批发部。公司过去在薪酬上采用统一标准,即业务员无论新老,都实行统一的提成比例。结果是,老员工的底薪高,守着老客户吃老本;新员工的底薪低,再加上新客户开发难度大、销量小,一开始挣不到什么钱,往往干不满三个月就走人,怎么办?

我们根据桂花香的实际情况(扣除期间费用和销售费用,销售利润率为36%,老业务员每月销售额在10万~20万元,普通业务员每月在5万~10万元,新业务员每月在1万~5万元),根据自激励原则,设计出一套可令员工自选提成的薪酬制度,即"薪酬套餐制",具体可见表6-1。这种方法将激励方式的选择权交给销售人员,由他们根据自身的实际情况,每年自行选择一次。

表6-1 薪酬套餐制

| 月销售额下限(万元) | 金牌业务员提成比例 | 金牌业务员月收入(元) | 银牌业务员提成比例 | 银牌业务员月收入(元) | 铜牌业务员提成比例 | 铜牌业务员月收入(元) |
| --- | --- | --- | --- | --- | --- | --- |
| 0 | 3.5% | 1 000 | 2.5% | 2 000 | 1.5% | 2 500 |
| 5 | 4.0% | 3 000 | 3.0% | 3 500 | 2.0% | 3 500 |

续表

| 月销售额下限(万元) | 金牌业务员提成比例 | 金牌业务员月收入(元) | 银牌业务员提成比例 | 银牌业务员月收入(元) | 铜牌业务员提成比例 | 铜牌业务员月收入(元) |
|---|---|---|---|---|---|---|
| 10 | 4.5% | 5 500 | 3.5% | 5 500 | 2.5% | 5 000 |
| 20 | 5.0% | 11 000 | 4.0% | 10 000 | 3.0% | 8 500 |
| 30 | 5.5% | 17 500 | 4.5% | 15 500 | 3.5% | 13 000 |
| … | … | … | … | … | … | … |

（1）选择金牌业务员序列的，实行"低底薪+高提成"。

具体来说，金牌业务员月底薪为1 000元，月销售额在0~5万元，提成比例为3.5%；5万~10万元，提成比例为4.0%；10万~20万元，提成比例为4.5%；依此类推。

显然，这一方案适用于那些已经稳定拥有较多客户资源并且还有较大潜力的老业务员。在新方案中，若业务员月销售额为5万元，收入则为3 000元；月销售额若为10万元，收入则为5 500元；月销售额若为20万元，收入则为11 000元；依此类推，分段递增，加速度激励。

（2）选择银牌业务员序列的，实行"中等底薪+中等提成"。

具体来说，银牌业务员月底薪为2 000元，月销售额在0~5万元，提成比例为2.5%；5万~10万元，提成比例为3%；10万~20万元，提成比例为3.5%；依此类推。

显然，这一方案适合那些拥有一部分客户资源和一定经验的普通业务员。按照新方案，若月销售额为5万元，收入则为3 500元；月销售额为10万元，收入则为5 500元；月销售额为20万元，收入则为10 000元；依此类推。

（3）选择铜牌业务员序列的，实行"高底薪+低提成"。

具体来说，铜牌业务员月底薪为2 500元，月销售额在0~5万元，提成比例为 1.5%；5 万~10 万元，提成比例为 2%；10 万~20 万元，提成比例为 2.5%；依此类推。此外，铜牌序列选择时限只能为一年，一年后必须升级，非升即走。

显然，这一方案适用于那些拥有少量客户资源的新业务员。按照新方案，若月销售额为 5 万元，收入则为 3 500 元；月销售额为 10 万元，月收入则为 5 000 元；月销售额为 20 万元，收入则为 8 500 元；依此类推。

"薪酬套餐制"实行多套餐并行，由员工自行权衡和选择，并在三个序列之间设置了两个转换节点——月销售额 5 万元和月销售额 10 万元。在 5 万元之前多拿底薪合算，在 10 万元之后多拿提成合算，从而促使老业务员选择低底薪高提成，激发老员工潜力，同时也为新员工提供一段时间的生活保障，从而培养新员工。

分段递增提成放大了激励力度。许多企业实行固定比例提成，月销售额为 10 万元，提成比例为 3%；销售额为 20 万元，还是 3%，这属于"匀速激励"。要想让业务员加速向前进，就要给予"加速度激励"。

可问题是，采用分段递增提成，固然能充分激励员工，但同时也会带来压单问题。桂花香的业务员就与经销商串通，把单月的订单合并到双月，以获取更高提成，结果造成淡季更淡，甚至影响了公司的现金流。为增加压单难度，公司也曾考虑采用较长的考核周期，但考核周期过长，对销售人员的激励作用又会减弱。怎么解决？

很简单，业务员单月发放提成，但双月要算一次总账，然后发放剩余提成，从而打乱其节奏，避免压单，具体规则如下：

本月剩余提成 = 两个月的销售额 × 提成系数 — 上月已发提成

假设某金牌业务员上个月销售额为 20 万元，这个月还是 20 万元。单月销售额为 20 万元，对应提成比例是 5%，两个月的销售额则要达到 40 万元，对应提成比例才是 5%。

不压单的情况下，上月提成为：20万元×5%=1万元；双月总提成为：40万元×5%=2万元；本月提成为：2万元−1万元=1万元。

压单情况下，如果将上月销售额20万元中的10万元压到了本月，则上月提成为：10万元×4.5%=0.45万元；双月总提成为：40万元×5%=2万元；本月提成为：2万元−0.45万元=1.55万元。

对比不难看出，压单反而导致提成晚发，于是业务员不会再压单了，相反，还会努力提前完成订单，能在当月完成的，绝不拖到下月。

## 6.2 动态提成制

销售人员的存量收益（苦劳）和增量收益（功劳），该怎么搭配？

所谓"苦劳"，是指销售人员通过以往所积累下来的客户资源和销售渠道，不用再费什么劲就能达成销售，销售业绩主要靠过去的沉淀，这样的销售即使同比增长，也只能算作存量。所谓"功劳"，是指销售人员通过开辟新的销售区域、建立新的销售渠道、发展新的客户所带来的销售业绩，这样的销售即使同比下降，也仍然算增量。

不同的行业，存量和增量的情况各不相同。有的行业是低频消费甚至是一次性消费，所以销售往往只有增量；而有的行业非常依赖老客户，销售几乎都是存量。在第二种情形下，对于销售人员，如果只是简单地按照销售量或销售额进行提成，只会鼓励销售人员不思进取，躺在功劳簿上吃老本。那么企业应该怎么办？

深圳特佳科技公司（应企业要求，这里采用化名）的客户是全国各大城市的公交公司。销售人员的提成当中包括了敏感的公关费用和佣金。不同区域的市场差异很大，提成系数不同，例如新疆的提成系数是浙江的两倍。

销售人员占据着地盘，每年就那几个客户，每年业绩都差不多，不愿意开辟新的销售区域，开发新的客户，理由还挺充足：新客户的佣金比例要求太高，公司现有提成覆盖不了，做一单亏一单，要开发新客户，除非涨提成或特批佣金。可一旦开了特批的口子，谁都来向公司要。每年的公司年会，不同区域的销售人员都会为提成系数的公平性争吵不休，浙江的销售人员指责新疆区域提成系数太高；新疆的销售人员反驳说，新疆的销量只有浙江的零头，提成系数只高出一倍并不公平。

怎么办？很简单，动态提成，将上一年的销售额作为存量，则：

（1）存量递减：存量部分提成系数每年减少10%；

（2）增量加倍：超出存量的部分，提成系数加倍；

（3）动态提成系数：提成系数=上年的总提成/上年的总业绩。

例如，山东区域原有提成系数为5%，2016年的销售额为800万元，2017年达到1 000万元，则存量部分为800万元，按5%×0.9=4.5%提成；增量部分为200万元，按4.5%×2=9%提成。2017年的提成则为：800万元×4.5%+200万元×9%=36万元+18万元=54万元；同时，下一年的基准提成系数变为：54万元/1 000万元=5.4%。

2018年，山东区域完成销售额1 200万元，则存量部分为1 000万元，按5.4%×0.9=4.86%提成；增量部分为200万元，按4.86%×2=9.72%提成。2018年的提成为：1 000万元×4.86%+200万元×9.72%=48.6万元+19.44万元=68.04万元；同时，下一年的基准提成系数变为：68.04万元/1200万元=5.67%。

作为对比，再来看另外一家企业的"动态提成制"设计案例。

巨象纸箱（应企业要求，这里采用化名）的客户以中小企业居多。销售人员开发的客户中，关系跟进和维护到位的，客户一般不会再选择别的供应商，采购量就会保持稳定或持续增长。

但随着时间推移，当开发的客户数量达到一定的规模后，销售人员几乎不用再费什么心，客户每个月自发的采购总额就非常可观了，再按照总额的 3% 提成，就能获得很高的提成收入。许多老的销售人员纷纷沦为不思进取的"啃老族"，守着老客户吃老本，对开发新客户所带来的那点增量提成根本没兴趣。怎么办？

如何避免销售人员"啃老"呢？很简单，销售不增，提成即降。

表 6-2　动态提成制中的提成比例变化

| 销售环比增长率 | 销售额提成比例增减 |
|---|---|
| 20% 以上 | 依此类推 |
| 15% ~ 20% | +0.2% |
| 10% ~ 15% | +0.1% |
| 5% ~ 10% | 0% |
| 0 ~ 5% | −0.1% |
| −5% ~ 0 | −0.2% |
| −5% 以下 | 依此类推 |

表 6-2 中，销售环比增长率=（当月销售额 − 前三个月滚动平均）/ 前三个月滚动平均。其中，前三个月的滚动平均是为了平滑起见，以消除季节因素引起的销售波动。

例如，某销售人员原来的提成比例为 3%，前三个月的销售额为 60 万元，相当于每月 20 万元，本月销售了 20 万元，销售增长率为 0，则提成比例降为 3%−0.1%=2.9%，当月提成为 20 万元 ×2.9%=0.58 万元。如果下个月销售额还是 20 万元，则提成比例继续降为 2.9%-0.1%=2.8%，当月提成为 20 万元×2.8%=0.56 万元。

同样是"动态提成制"，不同的企业，结构不同，设计方案也会有所不同。不同的"药方"其中的细节差异与分寸拿捏，读者自行慢慢体会。

## 6.3 轮候奖金制

销售人员的短效性工作奖励和长效性工作奖励，该怎样搭配？

企业的纠结在于：长效性工作面向未来，关乎企业长远发展，例如潜在大客户的接洽和积累，当期并不直接产生效益，而无收益，又拿什么去奖励？等到一年半载之后产生效益的时候再去奖励，估计销售人员早跑光了。可如果从企业的当期收益中挪出一部分去奖励，又应按什么标准奖励？要知道长效性工作的未来收益是不确定的。

以年终奖为例，如果采用年终双薪，则奖励毫无意义，实际上成了大福利；如果年终算总账，与年度总业绩挂钩，实际上成了月度奖励大汇总，一事二奖；如果将月度奖与年终奖彻底区分开，年终奖面向那些不产生当期收益的长效性工作，又会遇到上述的纠结，怎么办？

深圳特耐磨木业公司（应企业要求，这里采用化名）是一家生产和销售木地板的公司。公司过去对销售人员采用 KPI 考核，被笔者否决了，因为设太多的日常考核指标，只会加重销售人员对销售业绩的专注程度。可销售业绩之外的许多长效性工作，如战略客户接洽、代理商开发、大卖场拓展等，也不容忽视，怎么办？很简单，将这些长效性工作放在年终奖里体现。

可问题是：挪出部分当期收益作为年终奖，鼓励员工面向未来，一则未来收益不确定，二则奖励杯水车薪，如何起到奖励效果？

很简单，既然未来收益不确定，那就模糊化处理，采用轮候奖金制，先积分，积分规则如表6-3所示；再发放资金，奖金安排如表6-4所示。

表6-3 轮候奖金制的积分规则

| 业绩类别 | | 积分规则 |
| --- | --- | --- |
| 地产商合作 | 全国排名前100名的地产商 | 5 |
| | 其他地产商 | 2 |
| 代理商开发 | 金牌代理商 | 3 |
| | 银牌代理商 | 1 |
| 大卖场拓展 | 符合公司标准的大卖场 | 4 |

表6-4 轮候奖金制的奖金安排

| 长期性工作积分排名 | 年终奖金额 |
| --- | --- |
| 第一名 | 40万元 |
| 第二名 | 20万元 |
| 第三名 | 10万元 |
| 第四名及以后 | 5万元 |

注：年终奖池（公司当年利润的10%）。

年度积分排名在前的拿奖金，如有剩余则轮到后面，如果前面将奖金分完了，后面就没有了。拿到奖金的，年度积分清零；没有拿到奖金的，积分滚存到下一年。

例如，公司当年利润为800万元，拿出10%即80万元发年终奖。年度积分排第一名可得40万元，第二名可得20万元，第三名可得10万元，第四名和第五名各得5万元，排名再靠后的就没有了，但其积分可以滚存到下一年。

如何奖励不确定的未来？"轮候奖金制"是一种可行的设计方案，面对无限可能的未来，让有限的当前资金付出起到最大的奖励效果。

## 6.4 组合提成制

销售人员的提成与哪一个指标挂钩更合适——销售额、销售利润还是销售回款？各有什么利弊？如果想兴利除弊，又该如何搭配？

深圳市汇盈电子公司（应企业要求，采用化名）是一家SMT电子元器件经销企业。公司经过几年发展，成为多家知名数码企业的供应商。

但公司却在销售提成指标的选择上犯了难，试来试去，总有这样那样的问题：与销售额挂钩，虽然简单明了，易于激发销售人员的积极性，可不利于费用管控；与销售利润挂钩，虽然便于控制费用，同时促进高毛利产品的销售，但核算复杂，算出的结果，员工根本不信；与回款挂钩，行业惯例是"压批结算，年底结清"，考核作用也有限；与以上所有指标都挂钩，周密倒是周密了，但更加绕来绕去，也更加让销售人员心怀狐疑。此外，销售人员守着老客户，不做新产品。怎么办？

如果企业在销售方面确实希望稳扎稳打，均衡发展，统筹兼顾，必然需要设置多个考核指标。而这些指标，可从急切程度和重要程度两个维度综合考量，以汇盈电子公司为例：

急切程度：销售额＞销售利润＞销售回款，在提成时序上体现；

重要程度：销售利润＞销售回款＞销售额，在提成比例上体现。

据此设定，月度提成与销售额挂钩，季度提成与销售利润挂钩，年度提成与销售回款挂钩，得到"组合提成制"如下：

（1）月度奖：重点考察销售人员的新增销售额（当月销售额 − 前三个月滚动平均），依其排名决定月度提成系数（见表6-5），排名越高，月度提成系数越大。月度提成 = 当月销售额 × 月度提成系数。

表6-5　组合提成制中的月度提成系数

| 当月新增销售额排名 | 月度提成系数 |
| --- | --- |
| 第一名 | 3.0% |
| 第二名 | 2.9% |
| 第三名 | 2.8% |
| 第四名及以后 | 依次递减 |

这一机制安排，既照顾了"苦劳"（销售额），又兼顾了"功劳"（新增销售额），起到了"瞻前又顾后"的作用。例如，张三和李四两名销售人员，张三在一片"肥"的销售区域，月销售额为30万元，但他不思进取，月月如此，新增销售额为零，排名垫底，假定提成系数为0.5%，则提成为1 500元；李四喜欢挑战，迎难而上，志愿去一片差的销售区域，很快将每月销售额从5万元做到了10万元，新增销售额排名第一，提成系数为3%，则提成为3 000元，反而比张三多出一倍。

（2）季度奖：重点考察销售人员的新增销售利润（当季销售额 − 销售费用 − 调货成本 − 客户佣金，客户佣金加倍计算），依其排名决定季度提成系数（见表6-6）。季度提成 = 当季销售利润 × 季度提成系数。

表6-6　组合提成制中的季度提成系数

| 当季新增销售利润排名 | 季度提成系数 |
| --- | --- |
| 第一名 | 5.0% |
| 第二名 | 4.9% |
| 第三名 | 4.8% |
| 第四名及以后 | 依次递减 |

虽然提成基数不一样，但季度按销售利润的提成系数，高于月度按销售额的提成系数，销售人员自然会将重心放在销售利润上。

（3）年度奖：重点考察销售人员的回款率，依其排名决定年度提成系数（表6-7）。年度提成＝当年新增销售利润 × 年度提成系数。

表 6-7　组合提成制中的年度提成系数

| 当年回款率排名 | 年度提成系数 |
| --- | --- |
| 第一名 | 4.0% |
| 第二名 | 3.9% |
| 第三名 | 3.8% |
| 第四名及以后 | 依次递减 |

因为年度奖以新增销售利润为基数，所以并没有增加企业负担。

此外，为了鼓励销售人员面向新客户销售，主动销售新产品，这部分的销售额，第一个月按 50% 加成计算，第二个月按 40% 加成计算，依此类推，直到半年后恢复常态。

## 6.5　动态股权制

销售人员的资金收益和资本收益（股权激励），应该怎样搭配？

设计股权激励，首先得弄明白一个基本概念——资本价值。

商品当被用来赚钱时，就变成了资本，价值计量的方式也就发生了改变。对于资本而言，它值多少钱，取决于未来用它能赚多少钱，从未来预期净收益倒推回来的现时价值，就是资本的价值，即

$$资本价值 = 未来 N 年预期净收益贴现之和$$

其中，$N$ 是按照社会平均利润率计算出来的社会平均回本年数，假定社会

平均利润率恒为 7.2%，社会平均回本年数即为 10 年，则：

$$资本价值 = 未来10年预期净收益贴现之和$$

预期收益又分预期利润和预期利得（资本自身买卖差价），故：

$$资本价值 = 未来10年（预期净利润 + 预期净利得）贴现之和$$

投资，就是买卖资本品，背后依据的便是资本价值。譬如在股票市场中，买进还是卖出，要看价格与资本价值之比：

$$价格/资本价值 \rightarrow 价格/预期收益 \rightarrow 价格/现期收益 \rightarrow 市盈率$$

又如商品房，对外出租时，同样要看价格与资本价值之比：

$$价格/资本价值 \rightarrow 价格/预期收益 \rightarrow 价格/房屋租金 \rightarrow 租售比$$

当商品用作资本时，既具有资产（商品）价值，又具有资本价值，以哪个为准？很简单，哪个大，就按哪个来。由此可得全价值公式：

$$价值 = Max（商品价值，资本价值） = Max（物质商品价值 + 精神文化价值，预期净利润之和 + 预期净利得之和）[①]$$

通常，资本品的资本价值（市值）远大于其商品价值（净资产）。资本价值大于商品价值的部分，便是金融发挥作用的主要空间，也是股权激励发挥作用的主要空间。当然除此之外，股权激励也可以在其他层面展开，可参见表 6-8。

表 6-8 不同价值层面的股权激励及其形式

| 价值层面 | 预期收益 | 股权激励形式 |
|---|---|---|
| 商品价值层面 | 净资产增值 | 股票增值权 |
| 资本价值层面 | 预期利润 | 利润分红 |
|  | 预期利得 | 市值管理提成 |
|  | 预期利润 + 预期利得 | 虚拟股票 |
| 全价值层面 | 预期所有权，Max（净资产增值，预期利润 + 预期利得） | 限制性股票、股票期权 |

---

① 戴天宇. 新范式经济学[M]. 北京：北京大学出版社，2017：94.

股权激励，被一些学者誉为"金手铐"并受到人们的青睐和追捧。然而目前企业实行的股权激励，仍存在一定缺陷。

首先，股权激励通常只覆盖公司高管，可一家企业效益的提升并非仅仅是少数高管的事，而需要高管、中低层管理者和一线员工的共同努力。厚此薄彼，对下边的员工"又抛弃，又放弃"，难免打击他们的积极性。对少数高管的正向激励，反而变成对多数员工的负向伤害。

其次，公司高管持股后，在账面上也是百万富翁了，很难再要求他们"提着脑袋干革命"。而干革命，"提脑袋"和"不提脑袋"，效果截然不同。

再次，股权激励的"金手铐"，铐上去容易摘下来难。想让那些获得股权激励但后来表现不佳的高管走人，企业要付出断腕的代价。

对于上市公司，公司高管持股后，工作业绩与收入之间的关系反而变得不那么直接了，中间又隔了一层，即所持股票的涨跌。可股价的变化不完全取决于业绩，有可能业绩翻一番，股价跌一半，高管们的身价还缩水了，心思自然难以聚焦在工作上，有些高管甚至会打股价的主意。

对于中小企业，股权激励常常遭遇质疑："给股权干嘛？还不如给现金，三年之后企业在不在都是个问题，谁陪它一条路走到黑？"

针对传统股权激励方式存在的问题，我们从深圳市昇晟实业公司（应企业要求，采用化名）的实际出发，设计"动态股权制"如下：

（1）激励股份来源：定向增发部分股份给有限合伙持股平台。

（2）股权激励对象：当年业绩超过同一岗位平均水平20%以上的员工；或者没有相同岗位但超过自身考核指标20%以上的员工。

（3）股权购买数量：符合上述标准的员工，自行决定购买数量，但金额以当年所得的业绩奖金和年终奖金为限。

（4）股权购买价格：与员工当年的业绩表现挂钩，业绩越好，股权购买价格越低，即：股权购买价格＝资本价值×（1－业绩超额比例/2），如果业绩超额比例超过180%，则最低购买价格为1折。

（5）股权对赌回购：获得过股权激励的员工，若当年业绩低于同一岗位平均水平或自身考核指标20%以上，公司按照事先的约定强制回购一半，业绩越差，回购价格越低，即：股权回购价格＝资本价值×（1－业绩差额比例/2）。

这一股权激励机制设计的目的是不让股权激励成为静态福利，不让过去的"元勋功臣"躺在功劳簿上吃老本。逆水行舟，不进则退。"动"起来的股权激励才能真正发挥作用，才能自动筛选和留住那些持续对公司发展做出贡献的人。而坚决不搞无偿赠股，原因很简单："太容易得到的东西，没有人会珍惜。"

这一股权激励机制虽然对所有员工一视同仁，但也有倾向性，只是在向高管倾斜的同时，也不拒绝愿意和企业同生共死的优秀基层员工。

股权令价格围绕业绩变化，是"动态股权制"；期权则令价格围绕业绩变化，是"动态期权制"。

北京方圆制药公司（应企业要求，采用化名）是一家上市公司。控股股东为了感恩也为了激励那些多年来和自己一路打拼的老员工，不想通过增发股票"绑架"中小股东买单，而是决定自己拿出一部分股份通过有限合伙员工持股平台实施股票期权激励计划，行权价格也不想机械照搬传统方式（前1个交易日收盘价与前30个交易日平均收盘价中的高者），而是考虑与被激励对象的工龄和历史贡献挂钩。由于历史贡献可以用历年的KPI分数衡量，据此，设计机制如下：

期权行权价 = 基准股价 ×（1 − 工龄系数）×（1 − 历史贡献系数）

其中，工龄系数，每增加一年工龄递增 0.02，初创期工龄加倍计算；历史贡献系数，每年 KPI 分数 ≥ 85 分，每超过 5 分递增 0.02。

员工工龄越长，历史贡献越大，股票期权行权价格的折扣率就越高，未来就越容易行权和获利，动态期权制达到了设计的目的。

激励股权价格可以动态变化，行权条件也可以更灵活。传统机械教条的行权安排是：如果当期业绩不达标，一部分激励股权就会作废。可这种僵硬的做法，不利于当事人在企业经营上的统筹安排和灵活应对。如果企业发展需要进行必要的迂回，以退为进，甚至"大踏步后退"，怎么办？

上市公司英达股份（应企业要求，采用化名）准备对管理层实施限制性股票的股权激励计划。由于行业盈利存在明显的周期性且周期较长，全行业大幅亏损时，管理层也无能为力；全行业巨额盈利时，管理层躺着就能完成业绩。根据这一情况，我们为公司专门设计了"滚存解锁制"。

（1）限制性股票激励计划有效期为 48 个月，目标的股票授予日起计算时间，标的股票在授予日的 12 个月后分三期解锁，解锁期内，若达到规定的解锁条件，激励对象可在授予日的 12 个月后、24 个月后和 36 个月后分三期申请解锁，每期解锁数量分别为 30%、30% 和 40%。

（2）如果当期不能满足解锁条件的，则该解锁期的限制性股票数量滚存到下一期，如此直至满足解锁条件。有效期内均未达到解锁条件的限制性股票，由公司统一回购并注销。

（3）解锁必须满足以下条件：

①第一个解锁期：以 2017 年为基准年，公司 2018 年的营业收入较 2017 年的增长率不低于 15%，2018 年的归母净利润及扣非净利润较 2017 年同口径数据的增长率均不低于 10%；

②第二个解锁期：以 2017 年为基准年，公司 2019 年的营业收入较 2017 年的增长率不低于 32%，2019 年的归母净利润及扣非净利润较 2017 年同口径数据的增长率均不低于 21%；

③第三个解锁期：以 2017 年为基准年，公司 2020 年的营业收入较 2017 年的增长率不低于 52%，2020 年的归母净利润及扣非净利润较 2017 年同口径数据的增长率均不低于 33%；

④……

## 6.6 滚存年金制

许多公司都有一些"大牛"，他们对公司的业绩或长远发展极其关键，公司有时还得看他们的脸色。这些人即使犯了错，也不可能被开除，日常管理更是豆腐掉进灰堆——吹也吹不得，拍也拍不得，怎么办？

华菱建筑（应企业要求，采用化名）拥有建筑工程施工总承包的一级资质，通过工程挂靠，日子过得很滋润。当然，也要派项目经理（一级、二级建造师）对挂靠项目进行监管，以保证工程质量和安全。

过去，这些项目经理每月拿固定工资，年终拿考核奖金（当年发一半）。由于收入与项目挂钩并不紧密，项目经理责任心差，安全事故和质量问题频发，并且这些问题往往要过很长时间才会暴露出来。可如果严格奖惩，公司又担心这些一级、二级建造师跳槽走人，公司资质都成问题，怎么办？

很简单，"无利益，无管理"。员工服从管理的根本原因，不是管理者的魅力、执行力、领导力，而是利益。所以，问题的核心，是员工与企业的利益纽带不够粗、不够长。我们据此为公司设计了"滚存年金制"。

（1）公司为每位员工建立职业年金池，个人部分可以选择注入每月工资的0~10%；公司对等注入，员工注入多少，公司注入多少，再加上年度考核奖金，即：员工注入金额＝每月工资的0~10%，公司注入金额＝员工注入金额＋员工年度考核奖金。

（2）年底提取职业年金池中的50%为员工发放年终奖，其余的50%继续滚存；员工经公司同意正常离职的，年底提取50%，第二年提取剩余年金；非正常离职或违规违纪被开除的，只返还年金池的个人部分。

假设某建造师每月工资1万元，三年表现良好，每年的年度考核奖金都是2万元，则在三年当中，该员工的年金池及提现分别为：

第一年，年金=10 000元×10%×2×12+20 000元=44 000元，年终奖提现22 000元，年金池滚存22 000元。

第二年，年金=22 000元+10 000元×10%×2×12+20 000元=66 000元，年终奖提现33 000元，年金池滚存33 000元。

第三年，年金=33 000元+10 000元×10%×2×12+20 000元=77 000元，年终奖提现38 500元，年金池滚存38 500元。

很显然，职业年金池具有足够大的吸引力。有了这样的利益抓手，就可以对员工提出严格要求和工作考核。

同时，针对因员工工作失误导致的工程安全、质量事故，农民工集体讨薪事件，以及工程获得"市优秀工程奖"的情况，"滚存年金制"还分别设立了奖罚安排，如表6-9所示。

表 6-9　滚存年金制中的奖罚安排

| 考核情形 | 年金奖罚金额 | 当年年金发放比例 |
| --- | --- | --- |
| 工程安全、质量事故（损失1万元以下） | -1 000元 | -10% |
| 工程安全、质量事故（损失1万~5万元） | -2 000元 | -20% |
| 工程安全、质量事故（损失5万元以上） | -3 000元 | -30% |
| 发生农民工集体讨薪事件 | -5 000元 | -50% |
| 市优秀工程奖 | +10 000元 | +50% |

事实上，对于员工来说，奖罚金额倒是其次，年金提取比例才是关键。虽说年金的发放比例降低，只是将年金推迟发放，但对员工的心理影响却极大。通过奖罚，"滚存年金制"为企业的日常管理提供了强有力的保障。

第 7 章

# 实战机制设计(四):自我运行

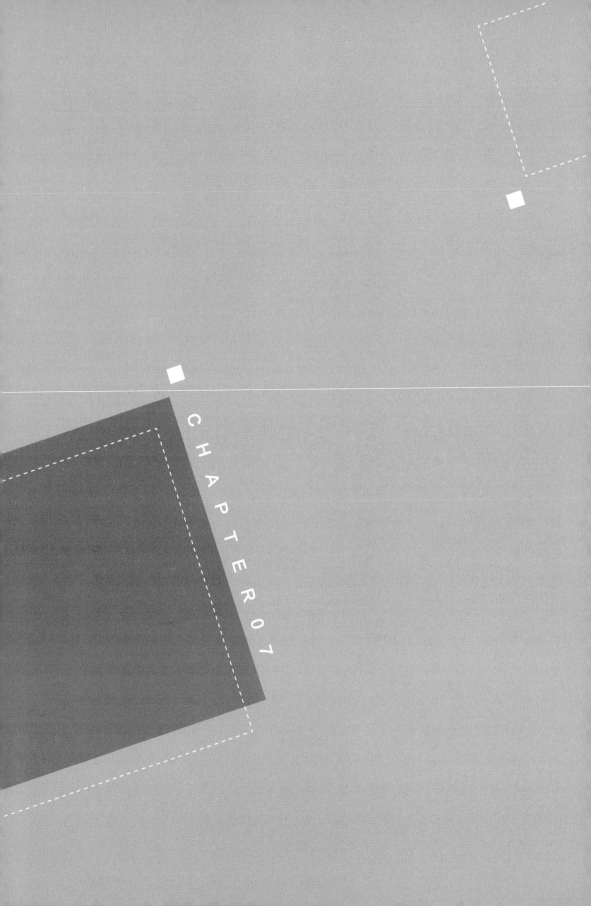

主体归位、利益内嵌之后，从道理上讲，机制主体出于对利益的追求，会推着机制"动"起来。如果机制不能按照设计者的意图"动"起来，说明机制运行的关键部位存在缺陷，需要从控制参量、函数关系或博弈结构这三个方面逐一检查和调试，由此形成了自运行机制细化设计阶段的"微调三法"——活化、优化和弈化（图7-1）。

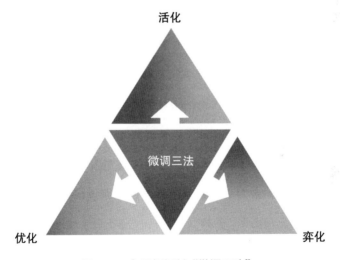

图7-1　自运行机制"微调三法"

所谓活化，是指机制的控制参量，不是固定的、僵化的、一成不变的，而是随着机制运行情况的变化而变化。这能够让机制像孙悟空那样具有"七十二般变化"的本领，能够根据不同的环境条件，自我"变异""变形""变身"，可大可小，可刚可柔，变化自如。

机制的控制参量，和机制准备达成的管理目标之间，一定具有某种函数关系。函数关系如果设置不当，机制即使动起来，也会跑偏，离预定目标只会愈行愈远。优化就是对该函数重新进行调试和修正，使得机制能够通过自我运行，自动趋向预定目标。

在机制里嵌入的博弈结构，如果构造不当，便不能让博弈均衡点落在预定的管理目标区域内，即便把控制参量和函数关系理顺了，机制运行趋向博弈均衡，仍然无法达成预定目标。弈化就是对博弈结构的五大要素进行调整，使博弈均衡与预定目标相重合。

以下，我们对活化、优化和弈化这三种微调方式分别予以介绍。

## 7.1　机制微调（一）：活化

在机制设计看来，人是活的，机制是活的，就连机制的外在呈现形式——制度也是活的，灵秀其内，敏捷其外，因时因地，通达权变。对于那些已经变得刻板僵化的机制或制度，让其控制参量随着情况的变化而自动变化，带动整个机制"动"起来，"活"起来，即形成了机制改革的第一种简便办法——"活化"。

其实，我们在前面已经介绍过"动态底薪制""动态提成制""动态股权制""动态期权制"，接下来介绍其他动态机制设计。

考核指标权重随着评分高低而变化的 KPI 机制，即为"动态 KPI 机制"。

昇晟公司经过多年的发展，目前已经是行业老大，再加上所处的行业非常成熟，所以公司采取稳中求进的发展策略。这一指导思想反映在企业内部管理上，就是希望企业管理各方面不要有明显的"短板"，以免影响公司股价和市值。

在绩效考核方面，昇晟公司一直实行的是 KPI（关键绩效指标）。虽然每年公司都对考核细节不断完善，但问题依然存在。

（1）关键（KPI）指标与利益挂钩，就能够得到大家的重视；非关键（非

KPI）指标与利益不挂钩，就没人关注，对应的工作就会变得越来越糟糕。

（2）按照 KPI 考核的规则，公司管理层和人力资源部门，每年都要专门花时间与被考核对象讨论来年的 KPI 指标设置，说白了就是讨价还价。这种做法其实是在浪费时间，因为一个好的机制会尽可能把企业内部的博弈和讨价还价消除掉。

（3）KPI 和所有的指标评价体系一样，其科学性是存疑的，因为有两个问题根本回答不了：为什么选择 A 指标而不是 B 指标？为什么权重是 20% 而不是 19.9%？由此给出的评价结果，自然不能令人信服。

不过，考虑到昇晟公司施行 KPI 考核已经很多年了，即便科学性存疑，只要能解决问题也行。从尊重历史的原则出发，我们对 KPI 考核进行改良，让 KPI 指标的权重随着考核分数自动变化，往年分数低、完成度差的考核指标，就按一定规则升高权重；反之则降低权重，从而鼓励大家抓弱项、抓劣势、抓短板。据此，得到"动态 KPI 机制"如下：

（1）依据职责、岗位和工作任务，建立起各个部门的常规考核指标库，既包括原来的 KPI 指标，又包括原来的非 KPI 指标。

（2）根据指标完成情况，按原有评分规则打分。以 80 分为基准，分值每超过 2 分，权重自动降 1%；分值每降低 2 分，权重自动升 1%。少数核心指标可以设定最低权重，权重增减变化不能低于该最低值。

（3）经过上述调整后，选取那些权重超过 10% 的指标作为新的 KPI 指标，归一化处理后使其权重相加等于 100%，考核与奖金挂钩。

（4）非 KPI 指标不与考核奖金挂钩，但到年底也要做统一评价，依据完成情况，自动升降权重。每年循环往复，形成动态 KPI 机制。

具体的人力资源部动态 KPI 指标权重变化示例可参考表 7-1。

表 7-1 人力资源部动态 KPI 指标权重变化示例（±2 分/1%）

| 指标名称 | 原有权重 | 考核得分 | 权重增减 | 新权重 | 新权重归一化 | 备注 |
|---|---|---|---|---|---|---|
| 招聘完成率 | 40% | 80 | 0 | 40% | 42% | 核心指标，权重最低不能低于30% |
| 考核及时率 | 25% | 90 | -5% | 20% | 21% | |
| 员工面谈率 | 15% | 96 | -8% | 7% | 0 | 权重低于10%，成为非KPI指标 |
| 费用控制率 | 20% | 70 | +5% | 25% | 26% | |
| 培训人时数 | 0 | 60 | +10% | 10% | 11% | 权重高于10%，成为新KPI指标 |

譬如，人力资源部原有的 KPI 考核指标中，"员工面谈率"指标权重为 15%，某员工去年考核得分为 96 分，比 80 分的基准多出 16 分，依照增减规则，权重要降 8%，今年的权重就变为 15%-8%=7%，因低于 10%，变成非 KPI 指标；"培训人时数"原是非 KPI 指标，权重为 0，去年考核得分为 60 分，则今年的权重自动增加到 10%，成为新的 KPI 指标。

动态 KPI 有效解决了 KPI 指标科学性和公信力不足的问题。上下级之间不用再为考核指标讨价还价了，KPI 讨论会不用再开了，非 KPI 指标不再被忽视了，管理短板轮番消除，企业发展更加稳健。

供应商的供货比例随着报价高低而变化，这就是"动态采购机制"。

在成熟的传统制造行业，物料采购成本往往占到整个工厂成本的一半以上。物料采购成本每降低 1%，企业利润可以增加 5%~10%。

但在过去很长一段时间，受一些僵化的管理思维影响，许多企业都误以为，在同等的交期、品质和付款条件下,物料采购的价格越低越好,这便是所谓的"最低价中标机制"。

然而,这种压价压款的机制弊端不少。首先,它会造成供、采关系紧张,令供采间不是你帮我扶,同心合力,而是你死我活,相恨相杀,供应商的配合只会越来越差。其次,价格最低者中标,必然会极度压缩应对未来不确定风险的价格留余,导致中标者对一些小小的意料之外的成本变动,都难以承受,无法继续履行合同,这种"赢家诅咒"[①]对供采双方都是损害。再次,价格最低者中标,虽然降低了采购价格,但后期要与供应商无休止地"斗智商",推高交易成本,如果将这些无形的耗费加进去,全过程动态总成本并不是最优的。此外,价格最低者中标,价格次低者备选,还是保障不了供应的稳定性和安全性,因为不会有人愿意当备胎,一旦中标者供应不上而备选者又没有准备,就会出问题。

怎么办?很简单,要想系统可靠,实行"双机热备";要想供应安全,实行"一品两供",据此,设计"动态采购比例机制"如下:在符合要求的供应商中,选择报价最低和次低的两家同时供货,两家的供货比例随报价而变化,报价每低1%,供货比例比原来上升20%;反之,报价每高1%,供货比例比原来下降20%。

表7-2 动态采购比例机制

| 供应商 | 原有供货比例 | 新报价(元) | 平均价(元) | 供货比例增减 | 新的供货比例 |
| --- | --- | --- | --- | --- | --- |
| A | 100% | 10.3 | 10 | −60% | 40% |
| B | 0 | 9.7 | 10 | +60% | 60% |
| C | 0 | 10.5 | × | | |

譬如,如表7-2所示供应商A是原来的供应商,新一轮招标后,供应商A

---

① Kagel, J.H. & D. Levin. *Common Value Auctions and the Winner's Curse*[M]. NJ: Princeton University Press, 2009.

报价 10.3 元，供应商 B 报价 9.7 元，供应商 C 报价 10.5 元。按照价低者中标的刻板做法，供应商 A 和 C 出局，供应商 B 中标，企业采购体系需要进行切换，人财物重新与供应商 B 对接，存在很大风险。而根据新的机制安排，仍然保留供应商 A，只是供货比例供应商 A 降为 40%，供应商 B 升为 60%。企业要做的，是坐看两家供应商竞相提供更好的服务。

经销商的结算价格随着回款快慢而变化，即为"动态销价机制"。

喜洋洋火腿肠（应企业要求，采用化名，简称喜洋洋）是一个地方性小品牌，没什么知名度。但其通过给经销商铺底赊销，用低于大品牌的价格冲击市场，同时给予经销商更大的折扣、更长的账期、更宽松的退换货条件，倒也在市场上占得一席之地。

但作为一个"十八"线品牌，喜洋洋经营中遇到的窘况也不少：经销商根本不允许喜洋洋的产品做堆头陈列，也不会向顾客优先推荐；不同的经销商拿货的折扣比例不同，彼此之间就会串货吃差价。当然最头疼的还是回款，经销商说有钱也有钱，因为每一天都有进项，而且与一线品牌是现款现结；说没钱也没钱，因为每一分钱都要用到极致，不会让钱闲着，对厂家的货款和资金自然是能多占一天是一天，反正也不会增加成本。

如何让经销商自动自发地将喜洋洋的产品优先陈列，优先推荐，优先回款呢？很简单，取消"看人下菜"，将五花八门的各种打折优惠的花样全部合并，经销商只要达到最低进货量标准，企业就主动给予最低折扣，提供最大的差价，给经销商赚钱空间，顺便从源头上彻底解决串货问题。但在让利的同时，与经销商的结算价要改用动态机制，即货款要加入利息因素，与时间挂钩：第一个月的回款不加息，但从第二个月开始，日息一厘，月息三分。这样一来，利息因素就会日夜萦绕在经销商的脑海里，时时刻刻提醒他们优先陈列，优先推荐，加速销售，早日回款。

## 7.2 机制微调（二）：优化

俗话说"事不过三"，如果一段时间内（譬如说一年），同样的违规违纪行为在一家企业里出现三次，基本上可以断定，不是人出了问题，而是人背后的管理机制出了问题，因此仅处理人是没有用的。

为什么多数管理者觉得累？因为他们不是在和"看得见的敌人"斗，而是在和"看不见的机制"斗。机制运行总是跑偏，管理者紧紧拉着缰绳不停地纠偏，不敢有一丝懈怠，不敢有一刻歇息，能不累吗？

如果管理机制能够自我纠偏，自己跑正，情况将会大不同。这就需要管理者用"面向对象"的思路对机制做改造，使之具有"自我导航"的能力。"面向对象"意味着机制本身拥有一组功能性动作，能够自行完成一波操作，就像一辆自动驾驶的汽车，只需告诉它前方多少米是目的地，至于怎么加速，怎么转弯，都是汽车自己的事[1]。如果管理机制也具有这样的能力，达成管理目标便是一件无须管理者操心的事了。

秀尔美容连锁（应企业要求，这里采用化名）拥有上百家门店，因为门店财务简单，核算方便，所以实行了利润分红激励机制。门店所有员工共同分享门店月度利润的10%，然后按照级别发放，譬如在10个点当中，店长拿3个点，美导拿1.5个点，技师拿1个点……

---

[1] 戴天宇. 电脑的世界[M]. 北京：科学普及出版社，1999：90.

这些机制安排，貌似合理，实则极不恰当，时间一长，便滋生出大量的管理弊病和乱象，具体说来，可以归为三大类。

（1）激励失衡：不同的门店因所处商圈、经营时长、蓄客数量等的不同，经营情况千差万别。员工都按照利润的10%拿分红，在有的店能躺着赚大钱，在有的店却拼命工作也亏损。好店觉得没劲头，差店觉得没奔头。

（2）激励错位：美容院是典型的"经营客户"的行业，一切工作都应当围绕顾客体验展开，而用利润分红激励员工，则南辕北辙，与经营客户体验之间存在方向性的矛盾，自然问题丛生。譬如公司反复强调拓展新客户，可从十个新客户身上挣的钱，还不如一个老客户顺手加个美容套餐的钱多，而员工的利益与利润挂钩，自然对开拓新客户没动力，只想诱导老客户多消费，甚至忽悠老客户。再譬如美容技师在服务过程中喋喋不休地推销，会令许多顾客反感甚至痛恨，最终导致顾客流失严重。扭曲的员工行为背后，是扭曲的机制导向。

（3）激励偏差：门店内部的分配比例，如果事先不规定，员工心里没底，可如果事先规定，又与员工所做的真实贡献比例不相符。譬如门店分红的30%给店长，可店长在店中所做的贡献真的有30%吗？

当然，最大的症结，还是利润导向与客户体验导向之间的矛盾。用利润引导企业的经营管理，无可厚非；但仅用利润引导企业的经营管理，必入歧途，因为利润的来源有各种可能性，可能来自"白的"，也可能来自"黑的"，可能来自赚该赚的、省该省的，也可能来自赚不该赚的、省不该省的。在经营客户体验的美容行业，以利润作为单一目标函数，由此产生的机制必然是扭曲的，急功近利，只能透支未来。

机制若是扭曲了，"不换思想就换人"没有用，换人还是老样子。"晓之以理、动之以情"没有用，纯属浪费口水。有人妄言"管理者80%的时间是用来沟通的"，机制到位，无须多言；机制不顺，唐僧念经也没用。"晓之以理，

"动之以情"不起作用,说明问题不是出在"理"上,也不是出在"情"上,而是出在二者之外的"利"上。

根据以上分析,重新构造门店分红激励机制中的目标函数如下:

门店分红 =(利润存量 ×10%+ 利润增量 ×30%+ 利润超量 ×100%)× 客户黏度系数

其中,考核周期定为半年,利润存量 = 前半年的月平均利润(新门店采用公司核定额);利润增量 = 前半年的月最高利润 - 前半年的月平均利润;利润超量指超过前半年的月最高利润的部分。这三部分利润的界定,参见图 7-2。

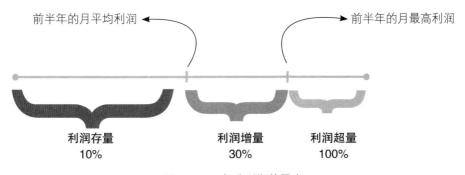

图 7-2 三部分利润的界定

例如,2019 年上半年,某门店的月平均利润为 10 万元,最高的月份利润达 15 万元。到了 2019 年 8 月,利润达到 18 万元,则 0~10 万元的部分为利润存量,门店分 10% 即 1 万元;10 万~15 万元的部分为利润增量,门店分 30% 即 1.5 万元;15 万~18 万元的部分为利润超量,门店分 100% 即 3 万元。换言之,利润超量部分全部归门店及员工,这也正符合前文所提到的新时代的经济关系——"企业拿固定,员工拿剩余"。

不仅如此,由于门店利润分红向增量和超量倾斜,过去的差店也有干劲了,就连过去亏损的店,只要减少亏损,利润增量和超量就是正的,员工也有分红可拿。用这种方法,不知不觉间解决了"激励失衡"问题。

可能有人会质疑，利润超量全部给员工，凭什么呀？利润超量是门店所有员工共同努力创造的，本身就是在企业经营计划之外的，不给员工没道理；而且这样做，从长远来看对企业更有利——这半年，门店利润每月超过 15 万元，员工就能拿超量分红，但到了下个半年，每月则要超过 18 万元员工才能拿超量分红。在这样的机制下，十个珠穆朗玛峰，员工也能爬上去。

一方面，要驱策马儿放开蹄子跑，另一方面，要给马儿带上嚼子，让其朝着正确的方向跑。由此，在目标函数中加入客户黏度系数如下：

$$客户黏度系数 = \frac{本半年老客户到店人次 \times 2 + 本半年新客户到店人次 \times 4}{前半年客户到店人次 \times 3}$$

客户黏度系数 =0（若本半年客户到店总人次小于 1 000 人次）

由此可见，门店分红比例虽然增加了，但如果员工不按照公司的经营方针做好新客户拓展与老客户服务，客户不爱来，黏度系数低，门店即使赚再多的钱，员工分到手的也很有限，甚至归零。这样一来，员工自然会以顾客体验为先，管理层无须苦口婆心，公司的政策意图便会自动达成。

那么，按照前述公式计算出来的门店利润分红，又应按照什么比例分配到门店员工的个人头上呢？答案是不管。门店共有六七名员工，让员工自己提出分配方案，所有人签字，只要有一个人不签字，钱就挂在公司账上。什么时候都签字，钱什么时候发下去。

读者朋友可以自行体会这种"不讲理"的分配机制背后的奥妙。

## 7.3 博弈论与机制设计

机制设计离不开博弈论，那么，什么是博弈论？

博弈论的英文是 Game Theory。Game Theory，字面上很好理解，就是"游戏理论"。所以，博弈论一点都不神秘，就是在下棋、打麻将等游戏中寻找其中的决策逻辑，说得通俗一点，就是研究"对抗决策"问题：你的决策会影响我，我的决策会影响你，在相互影响的过程中，每个人应当如何决策？

任何一种博弈，只需用五个要素就能说清楚，见图 7-3。

图 7-3 博弈论分析五个要素

玩家（P）——"谁"（Who）来玩游戏；

策略（A）——以"什么"（What）来玩游戏；

次序（S）——每个人"何时"（When）行动；

信息（I）——知道"哪些"（How many）别人的情况；

收益（U）——玩完游戏，他们得到"多少"（How much）。

由此，可得博弈论的数学表达式为：G = {P, A, S, I, U}。

没有游戏，就没有博弈论。首先来看简单的"囚徒困境"游戏。

张三、李四两名嫌犯作案后被警察抓住，分别关在不同的屋子里受审，二人之间不能互通消息，每名嫌犯都面临着坦白和不坦白两种选择。警察告诉他们：（1）两人都坦白，各判 5 年；（2）两人都不坦白，各判 3 年；（3）一人坦白，另一人不坦白，坦白的一方会被从轻发落，当庭释放，不坦白的一方会被重判 8 年。相应的策略和收益见表 7-3。结果将会如何？

表 7-3 囚徒困境的策略和收益

|  |  | 李四 | |
| --- | --- | --- | --- |
|  |  | 坦白 | 不坦白 |
| 张三 | 坦白 | -5, -5 | 0, -8 |
|  | 不坦白 | -8, 0 | -3, -3 |

从表 7-3 中不难看出，两人订立"攻守同盟"，都不坦白，最终各判 3 年（-3, -3）才是最佳的选择。但张三会想：如果我坦白，立刻会被释放，李四则要在牢里待 8 年。问题是李四也会这么想。双方都有背叛"都不坦白"这一约定的强烈动机，于是最后的博弈均衡将是两人都坦白，见表 7-4。

表 7-4 囚徒困境中的博弈均衡

|  |  | 李四 | |
| --- | --- | --- | --- |
|  |  | 坦白 | 不坦白 |
| 张三 | 坦白 | -5, -5 | 0, -8 |
|  | 不坦白 | -8, 0 | -3, -3 |

博弈双方都聪明绝顶，可斗智斗勇的结果却是（坦白，坦白），各判 5 年（-5, -5），这一结果即为"博弈均衡"：游戏到此为止，谁也不想再折腾了，因为无论是你改变策略，还是我改变策略，结果都会更糟。

现实当中，企业之间的商业竞争，也会经常陷入"囚徒困境"。

2000年,国内彩电价格大战打得如火如荼,几家彩电企业为了避免恶性竞争,搞了一个"彩电厂家价格自律联盟",并在深圳举行高峰会。会上,各家企业老总信誓旦旦地约定,再也不打价格战了。

可高峰会后,国内彩电价格立马来了一次高台跳水,为什么?

这是一个典型的囚徒博弈。A企业原来销售额为100亿元,B企业为50亿元,虽然双方约定不降价,但因为单方面降价有利于扩大自身的市场份额,所以双方都会违反约定。价格下降再加上消费者观望,A企业销售额变成95亿元,B企业变成45亿元,比双方不降价时的销售额还低,见表7-5。单方违约虽然有利可图,但所有的单方都违约,结果反而更糟糕。

表7-5 市场竞争中的囚徒困境

|  |  | B 企业 | |
|---|---|---|---|
|  |  | 降价 | 不降价 |
| A 企业 | 降价 | 95亿元, 45亿元 | 130亿元, 30亿元 |
|  | 不降价 | 80亿元, 80亿元 | 100亿元, 50亿元 |

何为市场机制?站在博弈论的角度,最简单的市场交易包含三种博弈:买-卖博弈,买-买博弈,卖-卖博弈。而卖-卖博弈,正是要将企业变成"囚徒困境"里面的"囚徒",这便是市场竞争的真正用意,也是企业逃脱不了的宿命——无限竞争,不断降价,直至局终。

回到囚徒博弈中。如果两名嫌犯都加入了黑手党,任何一个成员坦白,就会"人间蒸发",在此情形下,张三和李四还会坦白吗?

坦白即死,死的收益是$-\infty$。新的规则下,双方都将选择不坦白,各判刑3年。博弈均衡从(坦白,坦白)转向(不坦白,不坦白),如表7-6所示。

表 7-6 "坦白即死"的新规定导致博弈均衡发生偏移

|  |  | 李四 ||
|---|---|---|---|
|  |  | 坦白 | 不坦白 |
| 张三 | 坦白 | -∞, -∞ | -∞, -8 |
|  | 不坦白 | -8, -∞ | -3, -3 |

黑手党在法律之上叠加新的规定，导致各方收益发生变化，游戏结果就彻底改变。这给我们一个启示：通过设置或改变游戏规则，能"借用"当事人的利益追求，自动自发地实现组织的管理目标。

再来看另一个简单的"智猪博弈"游戏。

猪笼里有大小两只猪。笼子很长，左边是踏板，右边是饲料口。假定踩一下踏板会落下 8 两饲料，而跑去踩踏板这个动作本身要消耗掉 1 两饲料。如果一只猪去踩踏板，另一只猪就有机会抢先吃到食物。小猪去踩踏板，大猪则会吃光饲料；大猪去踩踏板，跑回来后还可以争吃到一半的饲料。大猪吃饲料的速度是小猪的 3 倍。若两只猪都去踩踏板，则大猪会吃到 6 两饲料，小猪会吃到 2 两饲料。

智猪博弈的策略和收益如表 7-7 所示。两只聪明绝顶的猪，谁会去踩踏板？

表 7-7 智猪博弈的策略和收益

|  |  | 小猪 ||
|---|---|---|---|
|  |  | 踩踏板 | 等待 |
| 大猪 | 踩踏板 | 5, 1 | 3, 4 |
|  | 等待 | 8, -1 | 0, 0 |

读者朋友如果有兴趣可以自行分析，通过分析不难得到博弈均衡解是：小猪选择"等待"，可以得到 4 两饲料；大猪跑前跑后"踩踏板"，却只得到 3

两饲料。这是一个"多劳不多得,少劳不少得"的博弈均衡,如表 7-8 所示。

表 7-8 智猪博弈均衡

|  |  | 小猪 | |
|---|---|---|---|
|  |  | 踩踏板 | 等待 |
| 大猪 | 踩踏板 | 5, 1 | 3, 4 |
|  | 等待 | 8, −1 | 0, 0 |

许多企业对自身分配机制有信心,即便这些机制有些不合理,但起码还是遵循了"多劳多得,少劳少得"的原则。可"智猪博弈"的结果说明,由于博弈各方的相互牵制,最后的分配很有可能是"多劳不多得,少劳不少得"。

如何改变游戏规则,避免出现"小猪躺着大猪跑"的情况?

规则改变 1:投食量减半,踩一次踏板落下 4 两饲料。

结果:小猪大猪都不踩踏板了。小猪去踩,大猪吃光;大猪去踩,小猪吃光。谁都没有踩踏板的动力了,如表 7-9 所示。

表 7-9 投食量减半后的智猪博弈均衡

|  |  | 小猪 | |
|---|---|---|---|
|  |  | 踩踏板 | 等待 |
| 大猪 | 踩踏板 | 2, 0 | −1, 4 |
|  | 等待 | 4, −1 | 0, 0 |

正如企业的激励安排,如果奖励力度不大,而且人人有份,员工就不会有动力努力工作了。

规则改变 2:投食量加倍,踩一次踏板落下 16 两饲料。

结果:小猪、大猪谁想吃,谁就懒洋洋地去踩一下踏板。而另一只猪一旦发现对方踩踏板，自己就"搭便车"，反正对方也不会把食物全吃光，如表7-10所示。

表7-10　投食量加倍后的智猪博弈均衡

|  |  | 小猪 | |
| --- | --- | --- | --- |
|  |  | 踩踏板 | 等待 |
| 大猪 | 踩踏板 | 11, 3 | 8, 7 |
| | 等待 | 13, 2 | 0, 0 |

正如企业的激励安排，如果奖励力度太大，而且人人有份，奖金毫无激励作用可言，成本高不说，员工的积极性还不一定高。

规则改变3：减量＋移位，投食量减为原来的一半，同时将饲料出口移到踏板附近。

结果：小猪和大猪都抢着踩踏板，等待者得不到食物，多劳者多得，每次的劳动收获刚好被劳动者消费完，谁都甭想占别人的便宜，如表7-11所示。

表7-11　"减量＋移位"后的智猪博弈均衡

|  |  | 小猪 | |
| --- | --- | --- | --- |
|  |  | 踩踏板 | 等待 |
| 大猪 | 踩踏板 | 3, 1 | 4, 0 |
| | 等待 | 0, 4 | 0, 0 |

正如企业的激励安排，奖励不是人人有份，而是与努力程度有关。这样安排既节约了成本，又消除了"搭便车"现象。

"智猪博弈"给我们另外一个启示：控制参量是机制设计的关键，合理地设置或者改变控制参量，就能自动自发地达成预定目标。

世事如棋，以上两个博弈说明：调整游戏规则，调节控制参数，就能牵引局中之人乃至整个棋局，不动声色、悄无声息地达成目标。所以高明的弈者，以天地为棋盘，以众生为棋子，拨棋弄子，万物刍狗。而更高一层的智者，以弈者为棋子，为弈者立规矩，必要时改变游戏规则，或调节控制参数，或调整函数关系，或调整博弈结构，以操控博弈均衡，达成预定目标。这便是博弈论给机制设计带来的新启示。

## 7.4 机制微调（三）：弈化

机制设计，与博弈论之间到底是什么关系呢？

在囚徒困境的例子中，游戏规则（两人都坦白，各判 5 年；两人都不坦白，各判 3 年；一人坦白而另一人不坦白，坦白一方当庭释放，不坦白一方重判 8 年）是已知的，然后分析游戏结果将会怎样（两人都坦白、两人都不坦白还是一人坦白另一人不坦白）。机制设计则是倒过来的，游戏结果（譬如两人都坦白）是想要达到的预定目标，然后分析游戏规则应当如何设计。所以机制设计是博弈论"倒着用"，博弈论"反着用"。

如果通过控制参量的"活化"，和函数关系的"优化"，都不能使机制自运行，则需调整博弈结构，即第三种微调方式——"弈化"。对于博弈结构的五大要素——玩家、策略、次序、信息和收益，根据需要，既可以同时调整多个要素，也可以单独调整其中之一。

以下，通过案例来介绍，"弈化"中最简单的单要素调整方式。

其一，变换博弈主体。机制设计中博弈主体是可变的，如在绩效考核中，以个人为考核对象，是个人与考核机构进行博弈；以团队为考核对象，则是团队与考核机构进行博弈。博弈主体发生变化，则博弈结果也发生变化。

"十分漆工三分砂"。高档实木家具通常需要三漆三磨,每一遍喷漆之后都要打磨,通过细致耐心的盲操作,用砂纸将毛刺、气泡、橘纹、流挂、亮点、砂痕、针孔、缩孔等瑕疵清理干净。

过去,喷漆、打磨这两道工序中的任何一道出现问题,在加工时很难用肉眼看出来,要等到出厂检验时才能发现,但那时已经没办法挽回损失,也没办法厘清责任,品质管理更无从谈起。处罚打磨的,打磨的喊冤,说是喷漆的不认真,留下的小毛病太多;处罚喷漆的,喷漆的喊冤,说是打磨的不细心;两个都处罚,两个都喊冤,说老板不分青红皂白冤枉好人。怎么办?

很简单,两道工序一家人干,即在人事招聘制度中加一条规定:"喷漆打磨,招工一对,夫妻最佳。"让夫妻分驻前后道工序,由于夫妻的财产是共同财产,罚老公也是罚老婆,罚老婆也是罚老公。

读者朋友不妨思考一下,换成亲兄弟行不行?

其二,变换博弈策略。譬如不玩"石头剪子布"了,改玩"老虎杠子虫子鸡",不玩薪酬激励了,改玩机会激励,博弈策略就发生了变化,进而带动博弈结果发生变化。

某旅游景区游客如织,平时已经接待不过来,更不用说旅游旺季了。但景区有严格的规划,不能无限制地建酒店、建宾馆,所以,常常出现游客爆棚的现象,严重制约景区的发展。

景区周边的一些农民看到了商机,在景区的红线范围以外,私搭乱建家庭旅馆、农家餐馆等,设施简陋,环境脏乱,再加上工作人员素质不高,逮着机会就宰客,导致纠纷不断,游客怨声载道。这些农民和景区并无关系,但城门失火,殃及池鱼,游客受了气,回去后在网上骂的都是景区,景区的口碑大打折扣。景区也曾联系政府相关部门对这些违建进行强拆，可折腾了半天也拆不动，买下来吧，房主漫天要价买不起。

另一方面，景区的接待能力无法提升，收入增长遇到天花板，但员工的工资年年要涨，否则根本招不到人。周边村子的年轻人宁可到繁华的都市去打工，也不愿意到位置偏僻的景区来工作。怎么办？

很简单，不"玩"薪酬激励，改"玩"机会激励。员工努力工作就能获得积分，积分满1 000分后，其家庭成员或直系亲属，譬如说哥哥嫂嫂，经过景区的专业培训和授权后，按照统一品牌、统一形象建设统一规范的家庭旅馆、农家餐馆等，但员工本人还要在景区继续工作，积攒积分。景区接待设施饱和时，便会征询客人意见，将他们转移到这些接待场所。每转移一名客人，员工的工作积分核销5分。

自此，景区员工的工作状态焕然一新，再也不闹着加薪了，就算三年不加薪，周边村民都争着抢着来景区工作。一段时间之后，员工家属所建的旅游接待设施越来越多，他们的服务更规范，因此客源也更有保障，逐渐将那些违建设施的生存空间挤压殆尽，景区外围环境大为改善。

其三，变换博弈次序。例如，将"我先你后"的出招顺序调整为"你先我后"，就会带动博弈结果发生改变。

星星传媒（应企业要求，这里采用化名）每年都要出版上千种教辅图书。教辅书的时效性很强，譬如中考模拟卷，考前热销，考后就凉凉了。所以，确定每年的印量成了一个大问题。印多了，只能销毁打纸浆；印少了，错过了市场时机，加印还会产生额外的费用。

调研发现，有两个部门可以对印量做预测：一是图书策划中心，其在确定选题之前要做市场调研;二是市场营销中心,其推广力度会影响销量。过去都是企业下达销量目标,漫天要价,两个部门坐地还钱,打折执行。

如何让它们在力所能及的范围内,自行做出相对准确的预测呢?

(1)销量预测:两个部门分别提出销量预测,然后二者取大。

(2)销量达成:两个部门按照各自的预测销量核算提成,实际销量等于预测销量的,按实洋的4%提成;实际销量大于预测销量的,超额部分按2%奖励;实际销量小于预测销量的,过剩部分按6%扣罚。

销量预测的三种情形及收益如图7-4所示。

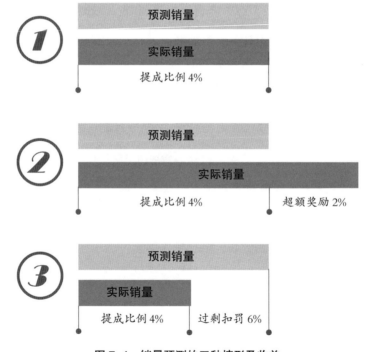

图7-4 销量预测的三种情形及收益

其四,变换博弈信息。信息是离散化分布的,每个人都掌握一些,但每个人都掌握得不全。将完全信息变得不完全,将对称信息变得不对称,或者反向操作,都会使博弈结果发生改变。

滨海市（这里采用化名）的经济适用房分配，折腾了三年，也没有成功，问题层出不穷，政府主管部门的领导直呼"头都大了"。

以往的经适房申请，采用资格预审制，即"三级（街道、区、市）审核，两次（社区、市）公示"的模式，终审环节更是"九查九核"，对申请家庭的户籍、住房、车辆、保险、个税、存贷款、证券等情况逐一核实。由于涉及数十个部门，每个部门各司其职，分道把关，一圈下来就是两年，中间又有举报、复核，几经反复，分配历时三年才告完成。

动用如此多的部门和人员，投入如此多的时间和精力，可结果却令人大跌眼镜。分房当天，许多人开着宝马、奔驰车来领房门钥匙，经适房转租的广告更是直接挂到了网上。媒体曝光后，社会舆论一片哗然，一些社会评论家纷纷指责政府主管部门"暗箱操作""腐败丛生"。

事实上，即便政府主管部门恪尽职守，也不见得能办好此事，原因就在于"信息不对称"。市场经济时代，家庭财产形态多样化，家庭收入来源多元化。万千家庭的收入和财产情况，政府掌握的信息有限，天知地知你知政府不知，挂一漏万也就在所难免。

面对"信息困境"，怎么办？加大查处力度无济于事，只能回到源头，对经适房分配机制重新进行设计，诚信申报制度破茧而出。

诚信申报，是指申请人应如实填报申请材料，对所提交信息的真实性和准确性负全责，放到网上公示后，接受全社会的监督和举报，所有相关部门同步审核，无须验证全部信息，只要发现一条不真实，即为不诚信，就要召开听证会，开具处罚书，包括没收诚信保证金、取消申购资格、列入诚信黑名单，让不诚信的申请人从此寸步难行。

诚信申报，将提供真实信息的责任转移到了申请人一方，帮政府摆脱了信息困局，降低了行政成本，更有助于打造城市的诚信之风。

新的机制实施后，许多原本想浑水摸鱼的申购家庭，赶紧撤回了申请，少数心存侥幸、弄虚作假的家庭则遭到"重罚"。新一轮经适房分配第一次出现了申请人少于房源的局面，分配于半年时间即告完成。

其五，变换博弈收益。将与博弈结果挂钩的收益标的予以调整，反过来也会影响博弈结果。

中时传媒集团（应企业要求，这里采用化名），为员工配备了全套装备，从笔记本电脑、数码相机、移动硬盘、录音笔到办公车辆一应俱全。可现实问题是，无论怎样培养员工爱护公物的意识，无论怎样加强固定资产管理，公家的东西就是坏得快。私人可以用五年的用品，在公家往往只能坚持两三年。怎么解决？

打破固有观念，思路才能开阔。过去，员工拿固定，企业拿剩余，所以由企业提供劳动工具和生产资料，似乎是天经地义、理所应当的。可时代在变，剩余分配也在变，没有什么普世的分配规则。这个时期，这个行业，资本拿得多一些；那个阶段，那家企业，劳动拿得多一些，怎么对生产力发展有利就该怎么来。相应地，未来，在越来越多的"企业拿固定，员工拿剩余"的情形下，员工为什么不能自带劳动工具呢？

根据以上分析，设定机制如下：个人用的办公设备和劳动工具，由员工根据企业要求和个人喜好自行购买，企业租用，每月付租金，但每年折旧，租金递减。例如员工自带的笔记本原值1万，则企业第一年每个月付租金300元，第二年每个月付250元，第三年每个月200元，第四年每个月付150元，第五年就没了，因为需要员工自己换新的了。

# 第 8 章
# 自运行机制设计二十式

四大设计要点——"聚焦盈利，主体归位，利益内嵌，自我运行"——只是自运行机制设计全部流程中的四道关键步骤。而机制设计，只有走完全部的设计流程和检验程序，才能被称为科学的、严谨的。

自运行机制设计与其说是一套理论，不如说是一套流程和方法。

这样一套方法论，不受任何条条框框的限制，也没有什么矫饰的普世价值、神圣理念，更没有什么黄金版、白金版的管理圣经，而是一切从企业实际出发，实事求是，给企业量身设计适合它自己的管理模式和管理机制。适合自己的，就是最好的。有用、有效才是硬道理。

遵循这一思想，自运行机制设计建立起了一套求真务实的系统化分析流程和工程化设计步骤，以确保机制设计结果的科学性和有效性——"实事求是，解决问题"。具体来说，自运行机制设计的全流程，分为五大环节、二十道工序。

（1）潜伏式调研阶段，共有六道工序：外部环境调研→内部生态调研→企业现状呈现→企业问题梳理→机制问题诊断→确立机制设计的目标和原则。

在这一阶段，我们主要以问题为导向，确立机制设计的目标和原则。采用潜伏式调研，即同吃、同住、同呼吸的调研方式，是因为不如此就不能真正走进企业内部。问卷调查、访谈调查，往往太过浮于表面。

（2）科学化分析阶段，共有四道工序：确定企业盈利来源→确定机制主体及其利益诉求→利益基底构造→"元规则"设计。

在这一阶段，我们要确定机制主体及其利益诉求，然后在其与目标之间打一个"利益结"，作为整套机制的"内核"——"元规则"。

（3）系统化设计阶段，共有四道工序：模块化扩展→控制参量计算→组织设施配套→机制微调三法。

在这一阶段，我们要搭建自运行机制的完整框架体系并视情况进行微调。

（4）不可行性检验阶段，共有三道工序：成本收益检验→系统仿真检验→管理实验检验。

在这一阶段，我们要对设计方案进行最苛刻的不可行性检验，想方设法对方案进行否定，只有驳不倒的方案才有生命力。道理很简单，花时间找 99 个理由证明方案可行，纯属自欺欺人，只要第 100 个因素证明方案行不通，它就有问题。当然，导致方案不可行的因素，如果能想办法消除掉，方案最终也是可行的。

（5）落地实施阶段，共有三道工序：文字编排与审议→试运行与调试→交付与运维。

在这一阶段，我们将设计结果用文字表达出来，然后推广实施。

将上述机制设计流程的主要环节抽取出来，即如图 8-1 所示。

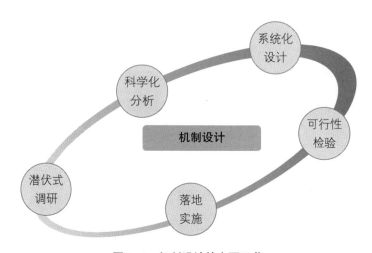

图 8-1 机制设计的主要环节

机制设计，既是一门科学，也是一门艺术，设计的过程同时也是艺术创作的过程。机制设计师既是严谨的工程师，也是浪漫的艺术家。如果想创作出优秀的作品，设计师需要在严格的规范下，掌握多种艺术手法并创造性地运用这些手法。而这只能靠机制设计师在实践当中细心揣摩体会，精髓的东西只可意会，难以言传。当然，机制设计师上升到大师级别，几乎全是自由发挥了，运用之妙，存乎一心，挥洒之间，自成章法。

接下来，我们先介绍一个案例，然后再说明案例设计的全过程。

三零机械（应企业要求，这里采用化名），是某国产品牌挖掘机销售的省级总代理。2008 年到 2010 年间，依托国家出台的"四万亿"经济刺激政策投向基础设施建设带来的机遇，公司实现了超常增长，2010 年完成销量 249 台，比上一年增长了 70%。可庆功酒还没摆上，心情不错的上游生产厂家便发起市场"大跃进"，给三零机械下达了下一年的销售目标，一个让所有人都目瞪口呆的数字——1 011 台！如果完不成，就撤销三零机械的省级总代理资格。

1 011 台，意味着三零机械的销售量要翻三倍多，意味着市场占有率要超过 20%，意味着市场排名要从第八名冲到第一名。几乎所有三零机械的员工都知道，这是一个不可能完成的任务。怎么办？

## 8.1　设计案例解密：销售如何翻三番

机制设计的第一步，做什么？

许多人心中都有执念，例如要成为第一名、成为行业龙头，业绩只能增长不能下降，本来无所谓，但对机制设计来说，却是灾难性的，因为心里装的固有观念越多，金科玉律越多，思想上的紧箍就越多，就无法做到设计上的创造和创新，也就没有可能创作出伟大的作品，"大道本来无所染"，无染方能成大道。

所以，机制设计的第一步，就是放下执念，清空脑容，不作预设。没有预设，才能到实践中寻找答案，心怀空杯搞调研，实事求是摸情况。

首先来看行业格局。中国挖掘机市场强者林立。以该省来说，销售量排在前七位的都是国际品牌，且无一家销量过千，而三零机械代理的国内品牌，机器的性能、质量、油耗和售后服务等，都与国际品牌存在一定差距，销售量一年翻三倍，谈何容易？难道这些国际巨头们肯止步不前，袖手旁观，任由三零机械夺取年度销量冠军？

其次来看市场环境。2011年，宏观经济环境急转直下，"四万亿"经济刺激政策已然淡出，房地产调控又让挖掘机销售变得异常艰难。三零机械的销售量直线下滑，一月份只销售了12台，二月份适逢春节，只销售了8台。到了三月初，老总着急了，花重金请了一家营销策划公司搞了一场声势浩大的"买挖掘机，送宝马车"活动。客户只要在三月底前下单，就能参加抽奖。可买挖掘机的大多是能揽工程的，都是圈子里的熟人，私下串联起来，正好交了20台的定金，然后每个人开了一辆宝马或皮卡回家了。公司老总傻了眼，一脸郁闷。怎么办？

在此情形下，笔者受邀进入公司，迅速展开调研，可是越调研，越发现公司处境艰难，百病缠身，已经到了生死存亡的边缘。

一是士气低迷。上游厂家资金紧张，取消了2 000元的销售激励，导致三零机械业务员的单机提成从每台平均6 000元直降为4 000元，员工士气大受打击。公司的销售高手纷纷辞职，跳槽去了竞争对手公司。

二是回款艰难。中国的挖掘机市场很奇特，挖掘机主要不是销售给基建公司或土方公司，而是卖给想发财的农民。可挖掘机售价高昂，一台小型挖掘机售价在三五十万元，大型挖掘机要上百万元。农民没有那么多钱，只能向银行按揭贷款，有的连首付都拿不出，还要公司垫付一部分，之后每个月的按揭贷款和首付代垫款的催收任务就落在业务员头上，但回款提成只有两三百元，业务员没有积极性，公司应收账款高企。

三是窜货严重。某城市大搞城市建设，挖掘机就好卖，邻近县市分公司便大肆窜货，跨区域销售，分公司经理之间常为此怒目相向。

四是私吞佣金。农民砸锅卖铁买挖掘机，不会轻易做决定，会向那些买过多台挖掘机的挖掘机大户咨询。各个公司为了获取客源信息，纷纷给挖掘机大户信息费，可这笔费用大多被经手的业务员揣到自己的口袋里。三零机械的一个王牌业务员凭此一招，一年吞了9万元。

五是费用奇高。虽然公司2010年销售量比上一年增长了七成。但由于销售费用及其他支出都大大超出预算，利润反而近乎为零。

问题成堆，一年销售1011台的宏伟目标，越发地遥不可及了。

危急关头，笔者针对三大关键对象——业务员、挖掘机大户和其他公司的销售高手，设计了三大激励机制，实现了销量翻三番的目标。

**第一，对业务员的激励机制。**

为了调动业务员的积极性，实行"台量递进提成机制"，见表8-1。第1台提成4000元，第2台提成4500元，第3台提成5000元，依此类推。销量每增加1台，业务员提成增加500元，销售台数越高，单台的提成额度越大，直至13台及以上的部分，按每台1万元封顶执行。由于实行递进提成，企业的激励成本其实并没有增加多少。

表 8-1 台量递进提成机制

| 台量 | 第1台 | 第2台 | 第3台 | 第4台 | 第5台 | 第6台 | 第7台 |
|---|---|---|---|---|---|---|---|
| 台量提成（元） | 4 000 | 4 500 | 5 000 | 5 500 | 6 000 | 6 500 | 7 000 |
| 台量 | 第8台 | 第9台 | 第10台 | 第11台 | 第12台 | 第13台及以上 | |
| 台量提成（元） | 7 500 | 8 000 | 8 500 | 9 000 | 9 500 | 10 000 | |

这样一来，业务员必须不断做大销量才能拿到更多的提成，前边的销量是为后边赚大钱打基础的。从第1台开始，每台都重要，让业务员能者多劳。而越到年底，挣的钱越多，业务员就越拼命，从而为全年销售大幅度冲量提供了可能。同时因为挣大钱的机会在后面，所以销售人员既不会在中途停下来，也不会在中途离开。

为了防止几个销售人员将台量凑在一起拿高提成，还要增补一条规定："业务员的销售台量不足全公司人均水平的一半，予以淘汰"。不到年底，谁都不知道全公司人均销售台量是多少，因此不敢轻易凑量。

为了留住优秀的业务员，本年度的超额部分可累积到明年。譬如张三今年销售了15台，超额2台，则明年的第1台会加上2台，按第3台算，即销售提成从5 000元起步，超得越多，业务员就越离不开公司。

此外，窜货问题也有办法解决。办法很简单，窜货这一台，该台量不予以递进。譬如张三销售的第5台卖到了其他区域，属于窜货，则这一台的提成不是按6 000元算，而是按基础提成4 000元算。问题是，张三不只少挣了2 000元，因为他以后销售的第6台就得按第5台算，第7台就得按第6台算……

不过，如果只是按照台量核算提成，销售大型挖掘机就会吃亏。而价格更高的大挖掘机能给公司带来更多利润，所以应当增加一个"销售额奖"以作平衡。但我们考虑到，价格越高，销售额就越高，同等条件下，按揭贷款和首付代垫款就越高，每个月需要催收的按揭回款和首付代垫回款就越高，这样一来，就把用于机型销售平衡的"销售额奖"转化为奖励回款的"按揭回款奖"和"首付代垫回款奖"，从而调动业务员回款的积极性。转化公式如下：单机提成 = 累进台量提成 +$x\%\times$ 销售额 = 累进台量提成 +$y\%\times$ 按揭回款 +$z\%\times$ 首付代垫回款。其中 $x$, $y$, $z$ 为销售额、按揭回款和首付代垫的奖励百分比。

第二，对挖掘机大户的锁定机制。

挖掘机大户，是农民购买挖掘机过程中的关键人，需要想方设法控制住挖掘机大户。为了锁定挖掘机大户，可以给他们一个更好的信息费收入预期：介绍第 1 台给予信息费 5 000 元、第 2 台 6 000 元，直至第 6 台以上每台 10 000 元封顶，超额部分累积到明年。超额越多，明年起点越高，这样便将他们牢牢地绑在公司的战车上。这样一来，在竞争对手没有明白之前，已经锁定了挖掘机大户，让其难舍难离。

此外，为了避免销售人员和挖掘机大户串谋骗取公司的信息费，对通过挖掘机大户介绍而成功跟进销售的，业务员的台量不递进。

第三，对行业销售高手的延揽机制。

企业要在容量有限的市场中多分一杯羹，一个简单的办法，就是延揽行业销售精英。挖掘机销售行业有一个潜规则，销售高手跳槽要给转会费，行情是 3 万元，年底支付。不过，即使公司答应了，这些高手们仍心存疑虑，担心不适应新的工作环境，担心转会费不兑现，而公司也担心招来的不是真正的高手。用怎样的机制消除双方的分歧呢？

"非对称对赌机制"可以解决这个问题。转会后即付 1 万元，余下 2 万元年底支付。到了年底，如果当事人月均销量低于 1 台，剩余转会费不再支付；月均销量在 1 台以上 2 台以下，支付剩余的转会费 2 万；而令所有人疯狂的是，月均销量大于 2 台，公司再额外多给 4 万元，即最高的"转会费"将达到 7 万元，这是一个令"修女也疯狂"的金额！

这样一来，"待转会人"就会根据自身实力决定是否转会，心里没底的"江湖混混"不敢来，对自己有信心的"绝顶高手"纷至沓来，从而达到鉴别人才、延揽真高手的目的。公司虽然多支付了4万元，但与顶尖高手给公司带来的更多毛利相比，还是值得的。

一套组合拳下来，到了年底，三零机械完成了一个不可能完成的任务——在一个总体下滑的市场中，企业的销售量九个月翻了三番。

**第四，对销售费用的管控机制。**

如果只是一味地、不加节制地采用经济激励，销量倒是上去了，但企业的盈利估计只能用"惨不忍睹"四个字来形容了。怎么办？

很简单，花该花的，赚该赚的，省该省的，每个方面都做到位了，企业盈利自然水到渠成。可该不该花，该不该省，谁来判断？

以销售费用为例，如果是由管理人员坐在办公室里审核把关，即"实报实销制"，由于管理人员不在现场，只能主观臆断拍脑门，而销售人员则玩各种花招骗取销售费用，结果是"不该花的乱花""该省的不省"。

如果是由销售人员自己做决策，即"费用包干制"，也有问题。花公家的钱不心疼，花自己的钱心疼，导致销售员对一些可跑可不跑的客户就不跑了，错失市场良机，结果是"该花的不花""不该省的乱省"。

事实上，哪里该花，哪里不该花；哪里该省，哪里不该省，确实应当由一线说了算，但机制该如何设计，才能让他们负责任地做出决策呢？

根据企业实际，我们给三零公司设计的是"虚拟账户制"。

（1）销售人员组成的团队（3~5人）实行自组织、自管理。为每个销售团队设立虚拟账户，资金在公司账上，管理权在团队手中。

（2）销售团队每销售一台，公司向账户里注入一笔销售费用。团队成员可以报销，由团队经理自行审批，财务部门只负责检验票据的真伪。

（3）虚拟账户的余额可以滚存，累积到年底，作为年终奖金发放。但反过来，如果账户入不敷出，超支部分要双倍扣罚，从团队工资奖金中扣回——让你自己当家理财，却不会过日子，当然要惩罚。

这样一来，销售费用，该省的会省，因为省下来的还是团队的、自己的；该花的会花，因为就算你抠门，团队的其他成员仍在正常花销。

实行"虚拟账户制"，公司财务人员从11名减少到4名，销售费用却大幅下降，而且销售人员不必再将时间和精力用在与财务人员的博弈上了。

## 8.2　戴氏环销法和戴氏连销法

将三零机械从悬崖边拉回来后，第2年，为了发动社会力量参与销售，又在"台量递进提成机制"的基础上，延伸出"戴氏环销法"。

互联网时代，产品的销售，不能再靠自己企业里数量有限的几个专职销售人员，而是要走向"社会化大销售"。在广阔的社会范围内，在浩瀚的网络空间中，通过一种机制，让普罗大众参与进来，这是继"社会化大生产"之后，生产力发展的客观需要，也是时代的必然。

传销，为何屡查不绝，屡禁不止，严打过后，又死灰复燃？传销发展至今，问题多多。传销机制与生俱来的弊端，导致传销人员不自觉地走上邪路，坑害百姓，祸害社会。怎么办？

很简单，大禹治水，用疏不用堵，用中国人发明的环销法，来代替美国人发明的传销，为那些只是想利用社会力量做好产品销售的企业提供一种新的销售利器。

环销法，是产品销售中的累进计件制，"简单粗暴接地气"。其核心思想可以概括为12个字:"提成累进循环,下线封顶晋级"。简言之,就是在"台量递进提成机制"的基础上,允许业务员在社会上发展下级合伙人,并向企业报备,下级合伙人的销售台量计入上级。

仍以三零机械销售公司为例,环销法的设定如图8-2所示。

| P9级 | 年度累进 | 第1台 | 第2台 | 第3台 | … | 第12台 | 第13台 |
|---|---|---|---|---|---|---|---|
| | 提成(元) | 8 000 | 8 500 | 9 000 | … | 13 500 | 14 000 |

……

| P2级 | 年度累进 | 第1台 | 第2台 | 第3台 | … | 第12台 | 第13台 |
|---|---|---|---|---|---|---|---|
| | 提成(元) | 4 500 | 5 000 | 5 500 | … | 10 000 | 10 500 |

| P1级 | 年度累进 | 第1台 | 第2台 | 第3台 | … | 第12台 | 第13台 |
|---|---|---|---|---|---|---|---|
| | 提成(元) | 4 000 | 4 500 | 5 000 | … | 9 500 | 10 000 |

图8-2 三零机械销售公司的环销法

先来看P1级。销售人员若无下级合伙人,情况如下:以1年为一个计算周期,销售第1台提成4 000元,第2台提成4 500元,依此类推,直至第13台提成10 000元,超出13台的部分,当年按最高10 000元封顶,同时计入第2年的累进起点。

例1:某销售人员当年销售5台,可得提成4 000+4 500+5 000+5 500+6 000=25 000(元);销售10台,可得提成4 000+4 500+…+8 500=62 500(元);销售15台,当年可得提成4 000+4 500+…+10 000+10 000×2=111 000(元),同时,

超出的2台计入第2年的起点,即第2年销售的第1台,加上超的2台,按第3台算,亦即第2年的销售提成从5 000元起步,超得越多,起点越高。

如果销售人员有下级合伙人,情况就会发生奇妙的变化。

例2:某销售人员自己销售了5台,同时发展了一个下级合伙人,下级合伙人也销售了5台,则下级按5台算,可得4 000+4 500+5 000+5 500+6 000=25 000(元),该销售人员按10台算,可得(4 000+4 500+…+8 500)-25 000=37 500(元),如图8-3所示。

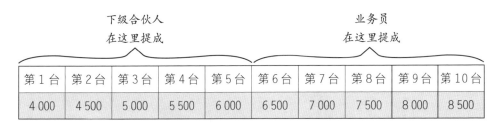

图8-3 环销法中同一级的上下线提成

再来看P2级。如果销售人员直属下级合伙人的销售台量,达到封顶值(1年内销售13台),该销售人员则晋升一级;其直属下级按此条件晋级的,销售人员同时晋级,直至最高等级(P9级)。

显然,晋级的条件,是直属下级合伙人自身的销量封顶值,或直属下级晋级。如果销售人员不向企业报备其下级合伙人,则无法晋级。

例3:某销售人员及下级合伙人为P1级,下级合伙人当年销售13台,则该销售人员自动晋升为P2级。第2年,销售人员自己销售5台,下级合伙人销售5台,则下级按P1级的5台算,可得4 000+4 500+5 000+5 500+6 000=25 000(元),该销售人员按更高一级(P2级)的10台算,可得(4 500+5 000+…+9 000)-

25 000=42 500（元）。

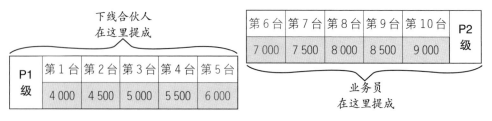

图 8-4　环销法中不同级的上下线提成

最后来看 P9 级。销售人员达到最高等级（P9 级）时，如果直属下级合伙人销售再封顶或者再晋级，则对该销售人员全部的提成总额进行核算，以此为基础，按照一定标准兑换为企业的股份。此时，该销售人员从该累进循环中脱离出来，然后新的销售循环被启动。

例 4：某销售人员达到最高等级 P9 级，有一个直属下级合伙人为 P8 级。P9 级销售人员自己销售了 10 台，直属下级销售了 13 台，则下级可得 7 500+8 000+⋯+13 500=136 500（元），P9 级销售人员可得（8 000+8 500+⋯+14 000+14 000×10）-136 500=146 500（元）。此时，P9 级销售人员以 146 500 元作为预期收益，按照资本价值原理获得公司相应的股份，同时从该累进循环中脱离出来。

与传销相比，环销法具有无可比拟的先天优势。

（1）传销是金字塔计酬，上线吃下线；而环销法是平行四边形提成，上级的超额提成是企业给的，销售人员有无上线，提成一样。

（2）传销是计额制，销售周期结束后才能核算出上下线的总销售额及各自的提成，计酬非常滞后。为防止跑路，上下线之间多为亲戚朋友；而环销法是计件制，即时兑现即时激励，上一秒钟卖出一台，下一秒钟就可拿到提成，更适合于互联网销售。

（3）传销的最可恨之处，是没有真实的产品销售，只是"拉人头"，目的是赚入门费；而环销法不需要任何的入门费，如果销售人员自己不做产品销售，只有下级合伙人，是拿不到什么提成的。

（4）传销的上下线有级数限制；而环销法在理论上可以是无限级的。

（5）传销无论如何改头换面，包括改成自我约束的三级分销制，都是游走在法律边缘；而环销法是合理合法的，真正想唤起社会力量做产品销售的企业，完全可以采用环销法。

环销法还有一种"恐怖"的威力，一旦某个企业在其行业内先行采用环销法，运行一段时间后，就会形成巨大的优势，竞争对手很难模仿，因为级差递进提成起点已经很高了。

环销法可以做各种变形，譬如，将循环周期设置为月度或季度，将核算单位设置为"第一单、第二单"或"第一个一万、第二个一万"，将提成方式设置为"1.0%、1.1%"……至于级数、级差、阶数、阶差等控制参量，更是因时因地，灵活变化，不一而足。

环销法基于等差数列，以"利"驱动。与之相辅相成的，是基于等比数列、以"情"驱动的"戴氏连销法"，以下做一个简单介绍。

连销法是一种消费分享机制，赠人玫瑰，手有余香。具体来说是这样的：顾客消费后，即可按规定比例（如15%）获赠微信代金券，代金券可以转赠亲朋好友，单次转赠上限为代金券余额的1/3，公司同等数量加持，即对方可得2/3，自己留存2/3，从而实现消费分享。代金券在公司消费时可用于抵扣，最多可以抵扣当次消费额的30%。

譬如朱七七在婚纱摄影店消费18 000元，即可获赠2 700元微信代金券。

她将其中的1/3（900元）转赠给其妹，公司同等加持，其妹可得1 800元，自己剩1 800元；她又将1/3（600元）转赠给闺蜜，公司同等数量加持，闺蜜可得1 200元，自己留存1 200元，依此类推，如表8-2所示。

表8-2  连销法转赠

| 转赠次数 | 代金券余额（元） | 转赠金额（元） | 对方可得（元） | 自身所留（元） |
|---|---|---|---|---|
| 第一次转赠 | 2 700 | 900 | 1 800 | 1 800 |
| 第二次转赠 | 1 800 | 600 | 1 200 | 1 200 |
| 第三次转赠 | 1 200 | 400 | 800 | 800 |
| … | … | … | … | … |

转赠出现叠加时，则取大值，不能回赠，但可按此规则再转赠，由此形成层层递进、精准营销的连销法客户拓客机制，如图8-5所示。

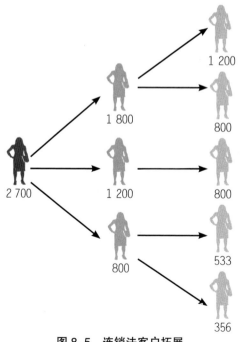

图8-5  连销法客户拓展

分享是"客户拓展客户",如何实现"客户助推客户消费"呢?很简单,被转赠者用代金券抵扣消费的,公司按照其纯消费额(抵扣部分不计入)的15%给被转赠者发放代金券,同时按照5%的比例给其转赠者加发代金券。

有的读者会担心,客户转赠多少,公司就加持多少,再转赠的,公司还是同等加持,如此转赠下去,还不把公司搞破产了?其实不用担心,等比数列的公比的绝对值小于1时,各项之和是有极限值的。

## 8.3 自运行机制设计二十式(上)

在对三零机械的销售机制设计原理做了详细的介绍后,接下来,我们将"解剖麻雀",一步一步说明机制设计的全部流程和主要招式。

**机制设计第一式:外部环境调研**。外部调研关注的焦点,是企业身处其中并赖以生存和发展的商业生态环境。传统调研所看重的那些宏观因素,如全球政治、国际金融、宏观经济等,只有其产生的涟漪确实传递到企业所处的商业生态圈并带起波澜,才会纳入考察视野。

**机制设计第二式:内部生态调研**。内部调研关注的重点,是企业内部各式各样的人所组成的生态系统。例如,业务员、技术员、文员都属于底层职员,但立场、观点、情感、思维等却有很大的不同,进而形成了行为举止有着明显差异的业务员种群、技术员种群、文员种群。不同种群围绕企业内部价值链的分布组合,就形成了亚群落、群落。

不同企业内外部的调研结果,差异很大,这里就不展开叙述了。

**机制设计第三式:企业现状呈现**。在调研的基础上,对企业现状进行呈现,即"三定位":时间定位、空间定位和生态定位。三定位的具体内容见图 8-6、图 8-7、图 8-8。

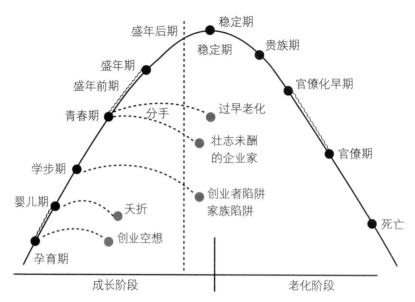

图 8-6　企业的时间定位（企业在生命周期曲线上的位置）

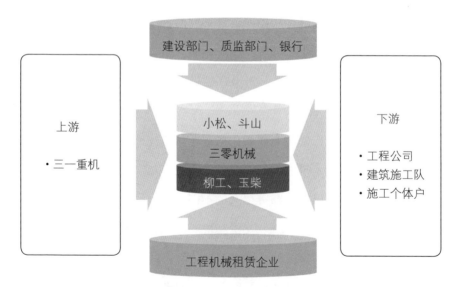

图 8-7　企业的空间定位（企业在利益相关者空间的位置）

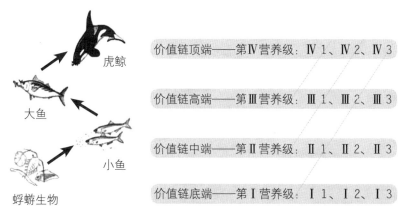

图 8-8 企业的生态定位（企业在产业价值链上的位势）

**机制设计第四式：企业问题梳理**。在调研的基础上，对企业问题进行梳理并归类到五个层面（商业模式、业务流程、管理机制、组织生态和企业文化）。不同层面的问题在不同层面解决，由于机制设计承上启下，所以，有些其他层面的问题也会随着机制设计的完成一并解决，一些具体的需要同步解决的其他层面问题可见图 8-9。

图 8-9 需要同步解决的其他层面问题

**机制设计第五式：机制问题诊断**。机制上的问题，会通过人们的行为显现出来，而从人们经常性的行为偏颇或失当之中，也能推导出管理机制到底出了哪些问题，进而绘制出问题链，如图 8-10 所示。

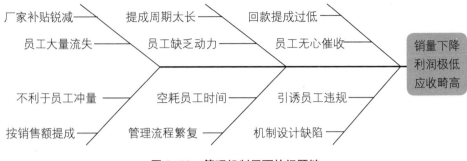

图 8-10 管理机制层面的问题链

将这些问题与图 8-11 相对照,就能看出管理机制层面的"病灶"可能在哪个部位——是激励机制不足,还是约束机制过软?是沟通机制不畅,还是协作机制失灵?然后分别施治,或微调修正,或推倒重来。

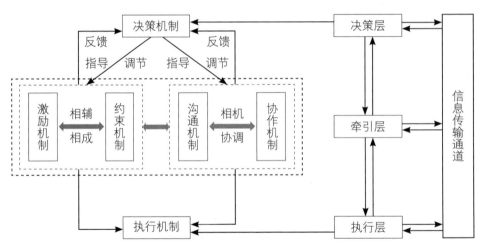

图 8-11 管理机制层面可能的"病灶"部位

**机制设计第六式:确立机制设计的目标和原则**。围绕企业的战略目标,以解决问题为导向,确定机制设计的主要设计目标和次要设计目标,形成机制设计目标"环靶",如图 8-12 所示。在三零机械这个案例中,主要设计目标很明确:在不亏损的前提下,当年完成销量 1 011 台;次要设计目标为:顺带解决销售人员流失、回款不积极、串货严重等问题。

图 8-12　机制设计目标"环靶"

确定机制设计原则,就是确定两大约束。一是利益方面的"硬"约束包括:原有利益格局、各方利益期许、社会分配规则、可分配利益空间、利益变化趋势(如既得利益不动、薪酬不低于同行、参与约束和激励相容等原则);二是意识形态方面的"软"约束,包括:国家法律法规、企业文化传统、社会伦理道德、区域习俗惯例、行业经营概念,如图 8-13 所示。

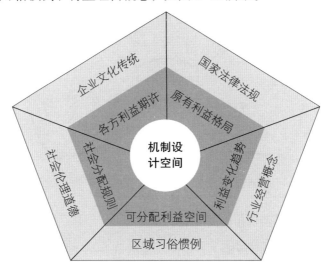

图 8-13　机制设计"硬"约束与"软"约束

**机制设计第七式：确定企业盈利来源**。五种盈利模式（卖产品、卖服务、卖文化、卖商机、卖资质）中，三零机械的主要盈利来源，是卖产品，赚差价，由此可知，企业的生产力主体是一线的业务员。

**机制设计第八式：确定机制主体及其利益诉求**。业务员采用何种组织形式，才能最大限度地发挥生产力？过去，三零机械的业务员是单兵作战，单打独斗，可调研发现，嘴皮子溜的与面相忠厚的搭配，有车的与没车的组合，战斗力更强。据此，我们将机制主体设定为销售战队，即每3～5人组成一个销售战队，由单兵作战转变为团队作战，人员"肥瘦"搭配，资源能力互补。战队作为自组织、自管理单元，拥有安排工作、操作业务、管控费用、组合人员四个方面的自主权。

至于销售战队的利益诉求，倒也简单，就是加速度激励：销售量增长得快，销售提成增长得更快，并且能够及时兑现。此外，销售战队还希望在销售过程及费用管控上具有充分的自主权，"让听得见炮声的人指挥炮火"。

**机制设计第九式：利益基底构造**。利益基底构造就是在前文所说的五种利益基底构造中选择一款合适的。在三零机械这个案例中，毫无疑问，利益诉求转置构造（图8-14）最为合适，既满足各方的利益期许，又实现自组织、自管理。

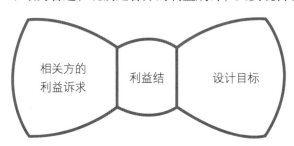

图8-14　机制设计的利益诉求转置构造

机制设计目标的表征指标是销售台量（1 011台），机制主体的利益诉求指标是销售提成（加速度激励），中间参量的利益结也就一目了然了，即台量提成，机制设计需要在台量提成上做文章。

**机制设计第十式:"元规则"设计**。根据以上分析,设计目标、主体利益诉求和中间参量三者之间的关系构造——"元规则"便瓜熟蒂落了,即"台量递进提成机制":第 1 台提成 $x$ 元,第 2 台提成 $y$ 元……

"元规则"构建出来后,机制设计最难的一关就"通关"了。

## 8.4 自运行机制设计二十式(下)

**机制设计第十一式:模块化扩展**。"元规则"构建出来后,就要搭建整套机制的体系框架了。怎么搭呢?可以借鉴软件开发中的结构化、模块化思路,划分出若干模块,包括细化到机制运行各个环节的运行模块、应对各种情况变化的预案模块和保障机制顺畅运行的配套模块,分而治之,分头设计。然后再像"搭积木"一样重新组合起来,即形成中心突出、层次分明、逻辑清晰的完整体系(图 8-15)。

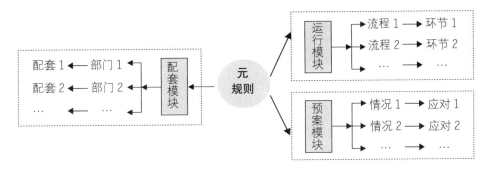

图 8-15 结构化、模块化的机制框架

譬如,在三零机械这个案例中,运行模块要对销售按揭、销售回款等事项做出规定,预案模块要对串货、离职等问题做出规定,配套模块则要对法务部的合同审核、信审部的信用评审等环节做出安排。

**机制设计第十二式:控制参量计算**。控制参量设计即是对机制中的控制参量进行严谨的数据分析和缜密的数学计算。这种"算",一般分三个层次展开:

单个主体的利益测算（利益势分析）、主体之间的博弈均衡（博弈论分析）以及各方作为一个整体的运行态势（系统论分析）。

譬如，在三零机械这个案例中，根据业务员过往的销售和收入状况，参量设定为：第1台提成4 000元，第2台4 500元，直至第13台为限。

**机制设计第十三式：组织设施配套**。组织设施配套，即根据机制设计方案的要求，对管理流程和组织架构进行相应调整，必要时设计新的流程和组织，如图8-16所示。

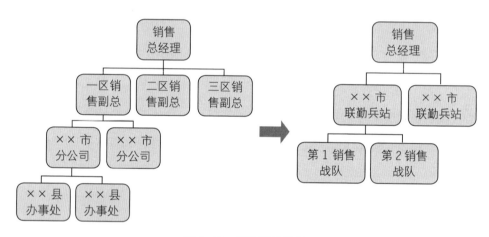

图8-16　组织设施配套

这里面容易被忽视的，是信息通路的设置。如果不提前考虑好信息采集与传输的通路，机制是不可能正常运行的。此外，为了保证信息采集与传输的可靠性和安全性，一般还会设置多条信息通路。

**机制设计第十四式：微调三法**。如果到这一步，设计出来的机制还不能自我运行，就需要动用"活化""优化"或"弈化"对机制进行微调，前文已经详细说明，这里不再赘述。

**机制设计第十五式：成本收益检验**。设计出来的机制，及其外在形式——制度，需要从三方面进行经济性评估：一是制度成本本身，尤其是全生命周期的成本；二是制度的"性价比"，即付出成本所能获得的收益；三是制度成本的分摊比例，如图 8-17 所示。若检验通不过，则须重新设计。

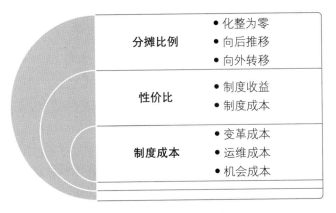

图 8-17　成本收益检验

**机制设计第十六式：系统仿真检验**。设计出来的机制，在落地实施之前，还要在计算机"模拟世界"中进行仿真检验，看其在未来的运行结果是否符合要求，并能否经得住各种不利因素的考验。图 8-18 便是三零机械在未来九个月销售量变化的系统仿真结果及预测。

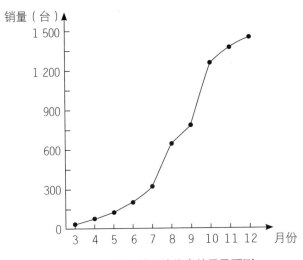

图 8-18　三零机械系统仿真结果及预测

**机制设计第十七式：管理实验检验**。机制设计方案的科学性，是靠检验得出的，"实验是科学之母"，如果系统仿真的结果仍然不能令人放心，则还要加做管理实验，即通过场景实验、人群实验或局部试点，来检验设计方案的科学性和有效性。这里就不再展开叙述了。

**机制设计第十八式：文字编排与审阅**。将"无形的机制"转换为"有形的制度"并用文字表达出来，说起来也简单，只需遵循两条：第一条，把意思说清楚了；第二条，用更少的话把意思说清楚了。

**机制设计第十九式：试运行与调试**。机制设计好比戏曲创作，虽然已经根据"演员"的特点量身定做，但只要搬上舞台，就有一个"二次创作"的问题。同样的曲牌唱词，不同的人来演，效果便有差异。机制设计也是如此，只要搬上"舞台"，就会被局部修改，所以仍然需要试运行和跟踪调试，并对机制运行过程适当进行校正。

**机制设计第二十式：交付与运维**。通过对机制设计系统工程进行交付和运维，使得机制能够正常地持续地运行。

到这里，本书对企业自运行机制设计的原理、流程和方法的讲解就告一段落了。"凡是过去，皆为序章"。本书的介绍只是抛砖引玉，未来会有更多的年轻人，在企业设计这一领域，创作出更多的优秀作品。当然，新学科的发展，前路漫漫，道阻且长，但其终点却是明确的——消灭管理，消灭管理者，消灭管理学，实现人的彻底解放与自由而全面的发展[①]。

---

① 卡尔·马克思. 资本论：第1卷[M]. 北京：人民出版社，1975：649.

# 主要参考文献

[1] Koontz, H. The Management Theory Jungle Revisited [J]. *Academy of Management Review*, 1980, 5(2): 175-187.

[2] 王国钟. 德鲁克：最好的管理就是消灭管理 [EB/OL]. http://www.sohu.com/a/195909654_662758, 2017-10-01/2018-10-01

[3] 魏宏森, 曾国屏. 系统论——系统科学哲学 [M]. 北京：清华大学出版社, 1995.

[4] 孙国峰. 制度、交易成本与社会责任的关系 [J]. 兰州大学学报（社会科学版）, 2003, 31（2）: 101-106.

[5] 马克思恩格斯全集：第23卷 [M]. 北京：人民出版社, 1972.

[6] 马克思恩格斯全集：第3卷 [M]. 北京：人民出版社, 1971.

[7] 网络群体与市场. 从动态博弈探讨中国民营银行的前景与发展方向 [DB/OL]. http://blog.sina.com.cn/s/blog_c2e02d1d0101eytp.html，2014-03-24/2019-03-24

[8] 快读书馆. 任正非最新讲话：钱给多了，不是人才也变成人才 [DB/OL]. http://www.360doc.com/content/16/0926/20/27972427_593840827.shtml，

2016-09-26/2019-03-24

[9] 戴天宇. 新范式经济学 [M]. 北京：清华大学出版社，2017.

[10] Joan Magretta. Why Business Models Matter[J]. *Harvard Business Review*, 2002, 80(5): 86-92.

[11] Geoffrey Colvin. What's Love Got to Do with It[J]. *Fortune*, 2001, (19):11.

[12] Mark W. Johnson, Clayton M. Christensen, Henning Kagermann. Reinventing Your Business[J]. *Harvard Business Review*, 2008, 86(12): 51-63.

[13] 魏炜，朱武祥. 发现商业模式 [M]. 北京：机械工业出版社，2009.

[14] 亚历山大·奥斯特瓦德，伊夫·皮尼厄. 商业模式新生代 [M]. 王帅，毛心宇，严威译. 北京：机械工业出版社，2011.

[15] 原磊. 商业模式分类问题研究 [J]. 中国软科学，2008,（5）：35-44.

[16] 戴天宇. 商业模式的全新设计 [M]. 北京：北京大学出版社，2017:133-134.

[17] Kagel, J.H. & D. Levin. *Common Value Auctions and the Winner's Curse*[M]. NJ: Princeton University Press, 2009.

[18] 戴天宇. 电脑的世界 [M]. 北京：科学普及出版社，1999.

[19] 卡尔·马克思. 资本论：第 1 卷 [M]. 北京：人民出版社，1975.

[20] 阿玛蒂亚·K·森. 伦理学与经济学 [M]. 王宇，王文玉译. 北京：商务印书馆，2000.

[21] 弗里德里希·冯·哈耶克. 个人主义与经济秩序 [M]. 北京：北京经济学院出版社，1989.

[22] 弗里德里希·冯·哈耶克. 通往奴役之路 [M]. 王明毅，冯兴元译. 北京：中国社会科学出版社，1997.

［23］夏云峰，暨朝满．对完善我国独立董事制度的构想——基于独立董事选拔机制的视角[J]．吉林财税高等专科学校学报，2007，（1）：64-66．

［24］柯武刚，史漫飞．制度经济学：社会秩序与公共政策[M]．韩朝华译．北京：商务印书馆，2000．

［25］大卫·休谟．休谟政治论文选[M]．张若衡译．北京：商务印书馆，1993:27．